À CORPS ET À CRIS

DU MÊME AUTEUR

En collaboration avec Ginette Raimbault :

Les indomptables, figures de l'anorexie.
Éd. Odile Jacob, 1989.

CAROLINE ELIACHEFF

À CORPS ET À CRIS

Être psychanalyste avec les tout-petits

EDITIONS
ODILE JACOB

ISBN : 2-7381-0279-4
(ISBN : 2-7381-0198-4, 1re publication)

15, RUE SOUFFLOT, 75005 PARIS

Remerciements

Les premières personnes que je tiens à remercier sont bien sûr les enfants qui m'ont fait l'honneur de mener leur psychanalyse avec moi. Ils m'ont laissée entrevoir des mondes que j'avais perdus, à peine imaginés. Sans eux, je n'aurais jamais osé me servir, dans ma pratique, de mes sensations, de mon imagination, de ma culture. Ils ont ravivé mon intérêt pour un métier où je me croyais pourtant déjà suffisamment engagée. Je remercie également les parents qui m'ont autorisée à raconter notre aventure commune.

Que tout le personnel de la pouponnière Paul-Manchon d'Antony trouve ici un témoignage de ma reconnaissance pour la confiance qu'il m'a témoignée. Que les maternantes qui ont participé aux cures sachent à quel point j'ai apprécié leur présence vivante, discrète, ainsi que leur compétence auprès des enfants.

Je remercie les psychanalystes qui ont assisté avec assiduité à mes consultations et m'ont assistée dans mes moments de doute et d'incompréhension.

La participation efficace et amicale de Marianne Hano à l'organisation des consultations m'a grandement aidée.

Lucien Kokh trouvera, je l'espère, des traces de son

brillant enseignement, en particulier son séminaire sur « La théorie du code ».

Je remercie mes premiers lecteurs : M. K., A. et S. M., F. G., F. M., H. H. et A. T. dont les encouragements et les critiques m'ont stimulée et aidée.

Ginette Raimbault a une présence particulière dans ce livre : elle l'a encouragé et suivi avec la rigueur et l'intransigeance de l'amitié qui nous lie.

À mes quatre fils

Avertissement

Raconter des histoires de cas pose des problèmes éthiques que tous les psychanalystes rencontrent.

J'ai tenté de traiter chaque enfant et chaque famille avec respect, en préservant leur anonymat. Tous les parents ont été prévenus. Je n'ai pas la prétention de maîtriser les conséquences à long terme que pourrait avoir la publication de ces récits. Je ne peux que m'engager à y faire face.

Avant-propos

> *« Lorsque je pratique la psychanalyse, je vise à : rester vivant, rester en bonne condition, rester éveillé. Je vise à être moi-même et à me comporter comme il faut. »*
>
> D.W. Winnicott

Un jour de janvier 1987, une de mes amies, psychiatre, me téléphone pour m'annoncer qu'elle quitte son poste à la pouponnière d'Antony. Elle sait par ailleurs que ses collègues cherchent des psychanalystes extérieurs à l'institution pour leur adresser des enfants de moins de trois ans en consultation psychanalytique. Peut-elle leur indiquer mon nom ?

Sachant seulement qu'une pouponnière est un lieu d'accueil pour les enfants de la naissance à trois ans confiés à l'Aide sociale à l'enfance (ex-Assistance publique), j'accepte par curiosité pour tout ce qui est nouveau, n'ayant jamais, à proprement parler, pratiqué la psychanalyse de nourrissons.

Rapidement, plusieurs personnes de la pouponnière me demandent un rendez-vous. Je vois arriver une psychiatre (Martine Prisker), des psychologues (Fanny Beckouche et Dominique Lavergne) et la surveillante générale de l'époque. Alors que je m'attendais à une banale (et légitime) prise de contact, je me sens immédiatement soumise à un véritable examen de passage... de psychanalyste. Pendant quelques secondes j'hésite : vais-je les mettre à la porte ? mais décide, puisqu'il s'agit d'un examen, de le réussir. Examen difficile car inattendu, agressif et en même temps facile puisqu'il me suffit d'être ce que je suis, professionnellement s'entend. Chacune pose des questions précises, sans interruption, m'obligeant à définir ma position de psychanalyste et plus particulièrement de psychanalyste d'enfants. Je perçois assez rapidement leurs exigences, qui correspondent tout à fait à ce que je pense : le psychanalyste d'enfants ne diffère en rien du psychanalyste d'adultes, quels que soient l'âge et la situation de l'enfant. Dans le cas particulier de ces très jeunes enfants confiés à l'Aide sociale à l'enfance à la suite de drames familiaux ou sociaux et qui présentent de graves symptômes somatiques et psychiques, la rigueur est plus que jamais nécessaire : le psychanalyste n'a aucunement à intervenir dans la réalité quotidienne ni dans les décisions juridiques et institutionnelles qui sont prises concernant la vie de l'enfant. Il n'a pas à voir l'enfant en dehors des séances, là où il vit. Il n'a pas non plus à avoir de contacts avec les personnes qui s'occupent de lui, en dehors de lui. De leur côté, les personnes qui adressent l'enfant au psychanalyste n'ont pas à demander de « conseils » éducatifs ou autres. Le psychanalyste n'est là ni pour compatir, ni pour consoler, ni pour réparer mais pour permettre de symboliser la souffrance. Il ne peut pas changer le passé et ne doit pas chercher à modifier l'avenir dans sa réalité.

Je parle beaucoup de ma façon de travailler en

général puisque je n'ai encore jamais reçu d'enfants « de l'Assistance publique » en particulier. Mon expérience avec les enfants hospitalisés atteints de maladie grave paraît les intéresser : j'ai, en effet, travaillé une quinzaine d'années à l'hôpital des Enfants-Malades dans le service du professeur Royer, en endocrinologie et en réanimation digestive. L'atmosphère se détend un peu lorsque je comprends qu'elles ont déjà contacté plusieurs psychanalystes qui, peut-être impressionnés par la gravité et parfois l'horreur des faits, confondant les traumatismes spécifiés et le délabrement lié à l'absence de paroles vraies à propos des traumatismes, n'ont pu s'empêcher de sortir de leur rôle. Nous nous quittons presque cordialement, sans aucun engagement de leur part : elles vont, disent-elles, réfléchir et éventuellement me recontacter... Je suis physiquement épuisée, presque déçue par leur circonspection car j'ai le sentiment de m'être vraiment engagée et de leur avoir montré, le plus sincèrement possible, mes possibilités et aussi mes limites.

À cette époque, je voyais fréquemment Françoise Dolto, qui avait accepté de faire une très longue interview filmée sur sa vie et son œuvre. J'en viens rapidement à lui parler de cet entretien violent et inhabituel et découvre qu'elle-même reçoit depuis 1973 les enfants de cette pouponnière. C'est même la seule activité clinique qu'elle ait conservée depuis sa retraite, avec la Maison verte. Sa consultation a lieu tous les vendredis matin, rue Cujas, et des psychanalystes y assistent. Je m'empresse, sur son invitation, de me joindre à eux.

Tandis que le personnel de la pouponnière, après

une nouvelle réunion plus détendue, commençait à m'adresser des enfants, j'ai assisté, pendant les deux dernières années de sa vie, aux consultations de Françoise Dolto (la dernière le 8 juillet 1988). Elle souhaitait bien sûr que les psychanalyses de nourrissons continuent de se pratiquer. Mais ses consultations n'étaient pas seulement destinées à former de futurs psychanalystes pour tout-petits. Au contraire, elle préférait attirer des psychanalystes d'adultes, plutôt expérimentés (surtout des hommes !), pensant, à juste titre, améliorer leur écoute et leur compréhension de ce qui, chez l'adulte, vient du nourrisson et apparaît toujours au cours d'une psychanalyse sans que nous sachions bien le repérer. Les analystes payaient leur formation, ce qui finançait les cures des enfants qui, pour une fois, n'étaient pas pris en charge par la collectivité !

De mon côté, j'étais enchantée que le hasard ait si bien fait les choses : pour diverses raisons encore mystérieuses pour moi, je n'avais jamais assisté aux consultations de Françoise Dolto à l'hôpital Trousseau. Ayant accepté de recevoir ces enfants sans connaître son implication dans l'histoire de cette pouponnière, je me sentais seule responsable de cet engagement mais rassurée et ravie d'être « accompagnée ».

Que se passait-il le vendredi matin rue Cujas ? Nous étions une dizaine, assis autour d'elle dans le champ de vision de l'enfant, qui ne pouvait ainsi être observé « par-derrière ». Les enfants se succédaient, presque sans interruption de 9 h 30 à 13 heures. Parfois, mais très rarement, les parents étaient présents. Il ne s'agissait pas d'une présentation clinique unique, activité dérivée de la médecine, puisque nous retrouvions les mêmes enfants, de séance en séance, jusqu'à la fin ou l'interruption de leur cure.

Voir Françoise Dolto exercer et commenter sa pratique donnait une impression probablement similaire (toutes proportions gardées) à celle de Freud sortant des présentations cliniques de Charcot « avec l'esprit saturé comme après une soirée de théâtre ». Ce que je percevais comme des intuitions géniales n'en était pas, de son point de vue. Elle était toujours capable, après coup, de dire pourquoi elle avait prononcé tels mots à tel moment, en fonction de ses repères théoriques, de sa culture et son imagination, de son expérience d'enfant, de médecin, de psychanalyste, greffés sur le matériel apporté par l'enfant, ici et maintenant.

Elle disait : « La présence du groupe me soutient, j'ai le trac. » Je ne voulais pas la croire jusqu'au jour où je l'ai vue, complètement désemparée pendant quelques instants devant une petite fille qui passait toutes ses séances recroquevillée par terre, hurlant sa douleur sans qu'aucune parole ne l'apaise. Françoise Dolto cherchait notre regard, notre présence physique, peut-être nos paroles.

Françoise Dolto considérait que ces consultations étaient spécifiques par la rapidité de l'évolution alors que chaque enfant ne venait qu'une fois par quinzaine. Elle disait : « Ça vient de la participation du public. Ça désérotise la relation individuelle au psychanalyste. » Je n'étais pas tellement convaincue des effets qu'elle attribuait à notre présence, pas plus que lorsqu'elle ajoutait : « La personne du psychanalyste est secondaire à condition d'être psychanalyste. » Maintenant, je crois que j'avais probablement tort. En y repensant, avec le recul du temps et de l'absence, je n'avais pas l'impression, rue Cujas, d'être au théâtre et Françoise Dolto ne cherchait pas à nous maintenir à distance. Nous étions, de fait, partie prenante dans chaque séance, médiatisant effectivement la relation de l'enfant à la psychanalyste. Très proches spatialement des enfants, ceux-ci s'adressaient parfois à l'un d'entre nous, en parole ou en acte, et nous leur répondions. Certaines des formulations de Françoise Dolto s'adressaient directement à nous, devant l'enfant, preuve qu'elle souhaitait aussi transmettre. Le fait qu'elle s'expose avait en soi une valeur formatrice mais notre intégration aux séances nous en apprenait certainement davantage. Étant présents physiquement, écoutant, regardant, étant sollicités soit par l'enfant, soit par Françoise Dolto, il nous était impossible d'être passifs et nous étions contraints de sentir et de penser. Cela n'était certainement pas sans effet sur les cures mais même lorsque le psychanalyste est seul, ces cures restent remarquables par leur rapidité.

Françoise Dolto souhaitait s'occuper d'enfants pour qui l'effet de sa notoriété ne précédait pas la rencontre. C'était bien le cas de ces enfants mais nullement le nôtre, ni celui du personnel de la pouponnière. Sensibles ou non à sa « notoriété », nous avions hautement conscience qu'elle n'était pas n'importe qui et peut-être le secret espoir qu'elle nous « contamine ». Quoi qu'il en soit, je pense avoir vécu ces deux années, au cours desquelles je recevais des enfants tout en assistant aux cures de Françoise Dolto, comme le passage d'un « témoin ». Et ce n'est qu'après sa mort que des collègues psychanalystes sont venus assister à mes propres consultations. J'ai pu alors réaliser combien leur participation pouvait m'être précieuse.

Lors du premier entretien, nous étions présentés par Françoise Dolto comme « des messieurs et des dames psychanalystes comme moi qui sont là pour apprendre ». Une seule fois, une mère a refusé de parler en notre présence. Nous étions en train de partir lorsqu'elle a posé un regard interrogateur sur la boîte dans laquelle nous déposions notre participation financière. Apprenant qu'il s'agissait de notre contribution, elle a alors accepté notre présence « puisqu'ils ont payé pour ça ».

Quel que soit l'âge de l'enfant, chaque séance commençait par : « Qu'est-ce que tu as à me dire aujourd'hui ? » ou « Quoi de neuf pour la famille ? » tout en n'écoutant parler de l'actualité, lorsque la maternante ou l'enfant avaient quelque chose à en dire, qu'en fonction de ce que cela pouvait réveiller du passé. L'enfant disposait d'un matériel un peu pauvret : crayons de couleur, papier, pâte à modeler, une chaînette, un bâton en bois, un couteau à beurre, un biberon, un sifflet et une paire de ciseaux. Françoise Dolto gardait en réserve dans son sac une lame de rasoir ou un petit canif bien tranchant lui servant à tailler elle-même les crayons jusqu'à ce que l'enfant soit fièrement capable de s'en servir sans risquer de se blesser.

La personne qui accompagnait l'enfant, la maternante (une auxiliaire de puériculture), pouvait également assister à l'entretien. Ces femmes, souvent de très jeunes filles, donnaient des renseignements en début de séance sur le comportement de l'enfant, ses éventuels symptômes survenus dans l'intervalle des rendez-vous ainsi que sur les événements influant sur la vie de l'enfant (visite ou coup de téléphone des parents, décision judiciaire). Lorsque l'enfant n'avait pas la possibilité physique (avant de tenir assis) ou psychique de rester seul, la maternante restait et intervenait à l'occasion, soit pour répondre à une question, soit parce qu'une parole ou une attitude de l'enfant lui rappelait quelque chose qu'elle avait omis de dire car elle n'était jamais interrogée (et encore moins réinterrogée) sur les symptômes de l'enfant. Françoise Dolto accordait une grande importance au fait que la maternante puisse assister, le temps nécessaire, aux entretiens tant que celui-ci ne savait pas encore ce que c'était qu'une « maman ». Représentant pour l'enfant la personne de référence, la relation fusionnelle présente ou passée, elle est le garant d'une « image de base » intacte, non écornée ; elle reste présente, symboliquement, pour défendre l'enfant et lui permettre de garder son intégrité corporelle. Lorsque l'enfant pouvait accepter, sans trop de douleur, d'en être séparé, elle n'en était pas moins présente : un garçon de trois ans, qui savait manifestement ce qu'était une mère et aussi une femme, a eu d'énormes difficultés à pénétrer dans le bureau car, laissant sa maternante dans la salle d'attente avec Pascal (le charmant jeune homme qui accueillait et introduisait les enfants), il imaginait qu'ils profiteraient de son absence pour se bécoter !

Au cours de l'année 1988, l'état respiratoire de Françoise Dolto s'est brusquement aggravé. Munie d'un imposant appareillage de bonbonnes à oxygène auquel elle était reliée par ce qu'elle appelait ses « lunettes de nez », elle a poursuivi son activité avec énergie et plaisir malgré la fatigue, et parfois les malaises, jusqu'aux vacances ; mais nous savions, dès lors, qu'il n'y aurait plus de consultations psychanalytiques rue Cujas.

Chapitre 1

Les bébés ont le langage

> *« Les premières années de la vie sont comme les premiers coups d'une partie d'échecs, ils donnent l'orientation et le style de toute la partie, mais tant qu'on n'est pas échec et mat, il reste encore de jolis coups à jouer. »*
>
> Anna Freud

> *« La parole en effet est un don de langage et le langage n'est pas immatériel. Il est corps subtil mais il est corps. Les mots sont pris dans toutes les images corporelles qui captivent le sujet. »*
>
> Jacques Lacan

Les nourrissons confiés à l'Aide sociale à l'enfance [1] ont vécu une épreuve relationnelle, une rupture plus ou moins grave s'exprimant, à leur âge, par des troubles fonctionnels. Ce « langage organique », comme l'exprime joliment Denis Vasse [2], « n'est organique que

1. « Les pouponnières ont pour objet de garder jour et nuit les enfants de moins de trois ans accomplis qui ne peuvent ni rester au sein de leur famille ni bénéficier d'un placement familial surveillé. » (Art. 1er – titre 1 – extrait du décret du 15 janvier 1974 relatif à la réglementation des pouponnières). Il existe deux catégories de pouponnières : les pouponnières à caractère sanitaire pour les enfants devant bénéficier d'une surveillance médicale particulière ne pouvant se réaliser au domicile familial et les pouponnières à caractère social. Il est question ici de cette seconde catégorie.

2. Vasse D., *L'Ombilic et la voix*, Éd. du Seuil, 1974, p. 157.

de n'être pas langage ». On peut écouter le fonctionnement de l'organisme comme on écoute les paroles d'un analysant ou la production graphique d'un enfant : il est l'effet de l'inconscient de celui qui le produit et concerne l'expérience du sujet.

L'écoute du nourrisson met tous les sens du psychanalyste en éveil pour qu'ils résonnent, dans le silence de soi. Cette résonance (comme l'écoute flottante) doit nécessairement suspendre tout jugement mais n'interdit pas, bien au contraire, l'activité fantasmatique ; seule sa libération permet la « traduction » d'un ressenti incompréhensible au premier abord (comme le sont aussi les premières séances d'analyse d'un adulte, un dessin d'enfant ou le récit d'un rêve) [3]. Quand je « traduis » (mise en mots), je dis que je mets des sous-titres : comme au cinéma, ceux-ci donnent le sens général avec une perte dans la richesse du vocabulaire, un peu irritante pour ceux qui sont parfaitement bilingues, mais le sous-titrage reste supérieur au doublage, qui efface la langue originelle que l'on aime entendre même si on ne la comprend pas.

La cure psychanalytique du nourrisson permet avant tout de raconter à celui-ci l'origine de la rupture, de mettre en mots ce qu'il vit, tout non-dit entraînant une faille dans le processus de symbolisation, faille qui s'exprime dans un premier temps par le symptôme. Les paroles lui sont directement adressées, elles le désignent comme sujet et lui offrent la possibilité d'habiter son corps : il ne s'agit pas de consoler, encore moins de réparer mais de symboliser la souffrance en réordonnant l'histoire pour assurer

---

3. Vasse D., *ibid.*

à l'enfant son identité à travers ses origines et lui permettre d'assumer ses prérogatives de sujet. Il n'est donc pas question de toucher l'enfant mais seulement de lui parler [4].

Olivier, les poumons à fleur de peau

Olivier vient me voir pour la première fois à l'âge de deux mois et demi, accompagné par une éducatrice de l'Aide sociale à l'enfance et une maternante (c'est ainsi que l'on désigne les aides-puéricultrices qui font office de mère de substitution). Je me présente : « Je m'appelle Caroline Eliacheff, je suis psychanalyste, tu viens me voir à la demande de la pouponnière pour que nous essayions de comprendre ensemble ce qui ne va pas. » L'éducatrice me raconte alors l'histoire suivante, devant Olivier :

Olivier est arrivé à la pouponnière à douze jours. La mère, enceinte pour la nième fois, décide, pendant la grossesse, d'accoucher sous X [5]*. Elle dit à l'assistante sociale qu'elle ne pourra pas élever un enfant de plus et qu'elle lui souhaite un avenir meilleur. Au terme de sa grossesse, elle n'a pas le temps d'arriver*

---

4. Cf. Dolto F., *La Cause des enfants*, Éd. Robert Laffont, 1985.

5. L'article 47 du Code de la famille et de l'aide sociale accorde à toute femme le droit d'accoucher sans décliner son identité, afin d'assurer le secret de la naissance. Cette disposition législative est appelée « accouchement sous X » parce qu'un « X » figure à la place du patronyme sur le dossier de l'enfant. Les géniteurs ont la possibilité pendant trois mois de se rétracter. Passé ce délai, l'enfant devient pupille de l'État et il est adoptable.

à la maternité et accouche dans l'ambulance. On lui présente l'enfant avant de l'en séparer. Elle quitte la maternité au bout de vingt-quatre heures, ne pouvant supporter les pleurs des autres bébés, mais prend des nouvelles de son fils par téléphone tous les jours. Quand Olivier arrive à la pouponnière pour attendre le délai légal de trois mois avant d'être déclaré officiellement adoptable, la mère demande à voir l'assistante sociale pour émettre des souhaits précis concernant la future famille adoptive. On ne possède aucun renseignement sur le père hormis le fait qu'il est le géniteur des autres enfants de la mère.

Jusqu'à cinq semaines, Olivier s'est fort bien porté. À cinq semaines, son état physique s'est brusquement détérioré, ce qui, après examen médical, est le motif de cette consultation : sur le visage et le cuir chevelu sont apparues des croûtes impressionnantes et une desquamation ; de plus, un encombrement bronchique important rend sa respiration particulièrement difficile et sonore à l'inspiration et à l'expiration, mais il n'a pas de fièvre.

Je regarde Olivier qui me regarde aussi. Il est dans un état physique misérable, défiguré par l'atteinte de sa peau, respirant très difficilement et se mettant à pleurer. Pendant qu'il pleure, l'éducatrice me raconte que le personnel de la maternité puis de la pouponnière avait eu une si bonne impression de la mère que tout le monde pensait (souhaitait ?) qu'elle reviendrait sur sa décision. Tout le monde le pensait, personne ne le disait. Au cours d'une réunion, les maternantes ont pu en parler, réalisant du même coup qu'elles s'étaient peut-être trompées. C'est immédiatement après cette réunion qu'Olivier est tombé malade, bien que n'y ayant pas assisté.

Jusqu'à ce point, je n'ai encore rien dit, j'ai écouté, pris des notes, regardé Olivier qui m'a aussi regardée et a pleuré. À la fin du récit de sa courte vie, il ne pleure plus et je m'adresse directement à lui : « Tu as une mère très bien qui a beaucoup de courage : elle sait qu'elle ne peut pas t'élever comme elle le souhaiterait et elle a pris une décision qu'elle estime bonne pour toi : que tu sois élevé par une autre famille qui sera ta famille d'adoption. Les personnes qui s'occupent de toi actuellement ont espéré, sans te le dire, que ta mère changerait d'avis et peut-être qu'elles t'ont fait espérer la même chose. Elles se rendent compte maintenant à quel point ta mère est quelqu'un de bien : ce qu'elle a dit est vrai. Elle veut, pour ton bien, que tu sois élevé dans une autre famille que tu adopteras. Elle a souhaité que cette famille n'ait pas la même couleur de peau que toi qui as la peau noire. On ne sait pas encore si ce sera le cas. Mais toi, tu n'as pas besoin de changer de peau. Tu seras toujours le fils de l'homme et de la femme qui t'ont conçu, tes parents géniteurs, ils resteront en toi. Au revoir, à la semaine prochaine. »

Une semaine plus tard, Olivier arrive dans les bras de la maternante qui l'a accueillie lors de son arrivée à la pouponnière. Au premier regard, je vois que sa peau est parfaitement guérie, ce qui me surprend beaucoup. Je n'en dis rien, la maternante non plus. La respiration, en revanche, est encore plus bruyante qu'avant, au point que l'interne envisage de faire pratiquer des examens plus poussés. Pendant que la maternante me parle, Olivier s'endort en respirant toujours aussi bruyamment. Elle me dit qu'il pleure très fort, qu'il boit ses biberons très vite, qu'il suit bien des yeux et lui sourit après le biberon. Elle m'informe qu'une première réunion du conseil de famille doit avoir lieu prochainement, la mère génitrice n'étant finalement pas revenue sur sa décision. À cet instant, Olivier ouvre les yeux, son regard est vague et il se rendort en respirant tout aussi fort mais cette fois par la bouche. Je lui parle en lui caressant d'une main l'ombilic, à travers ses vêtements[6] *: « Quand tu étais dans le ventre de ta mère, tu ne respirais pas. Ta mère te nourrissait par le placenta auquel tu étais relié par le cordon ombilical. Ce cordon arrivait là où ma main est posée ; il a été coupé à ta naissance. Ce que je touche s'appelle l'ombilic, c'est la cicatrice de cette coupure. Quand tu es né, tu as respiré, le cordon a été coupé et tu as été séparé de ta mère qui avait décidé que ce serait comme ça. Tu respires très mal peut-être pour retrouver ta mère d'avant la séparation, quand tu étais en elle et que tu ne respirais pas. Mais si tu as décidé de vivre, tu ne peux pas vivre sans respirer. Ta mère d'avant, tu l'as à l'intérieur de toi, dans ton cœur. Ce n'est pas parce que tu as respiré que tu as été séparé d'elle, ce n'est pas en ne respirant plus que tu la retrouveras. »*

Je parle à Olivier endormi pendant à peine quelques minutes. Progressivement, les bruits d'encombrement de l'appareil pulmonaire s'estompent. Quand je m'ar-

6. Après avoir écrit que je ne touchais pas les enfants, ce geste peut paraître curieux. Il s'agit d'un geste précis, associé d'un commentaire, accompagnant une perception de son propre corps.

rête de parler, je constate, très émue et plutôt ébahie, qu'il respire par le nez, les voies respiratoires libérées, sans aucun bruit sinon celui du souffle de l'air. J'éprouve le besoin de le dire et de le faire constater aussi par la maternante comme si je n'étais plus sûre de mes propres perceptions (en d'autres termes : je n'en crois pas mes oreilles).

J'apprends le mois suivant qu'Olivier n'a plus eu aucun problème respiratoire. Une famille adoptive a été pressentie et la première rencontre est prévue quelques jours plus tard : il vient d'avoir trois mois et une semaine.

En rédigeant cette observation (une des premières), mes pensées, mes émotions, mes perceptions corporelles me reviennent intactes : en début de consultation, mes doutes sur ma capacité à donner un sens aux symptômes d'Olivier, à être un « praticien de la fonction symbolique », comme disait Lacan, et non un simple guérisseur de symptômes (une sorte de trac car si la théorie fournit les principes généraux de la lecture de l'inconscient, chaque séance est toujours une première) ; la tension intense, musculaire et psychique pendant que l'on me parle ; la mise en mots, presque facile, de ce que suscite en moi le récit de sa vie soutenue par la réaffirmation intérieure de ma certitude qu'il me comprend ; la fatigue, la sensation de vide qui m'envahit après la consultation, le souvenir omniprésent de Françoise Dolto recevant les enfants avec son appareillage respiratoire, si proche de la mort, si vivante. Autre séparation.

La mère d'Olivier lui a donné vie selon son désir. La séparation des corps, voulue, programmée, réalisée dans l'intimité de l'ambulance et non à l'hôpital, le maternage institutionnel de bonne qualité ont donné corps à l'enfant, l'intronisant comme sujet désirant. Le personnel de la pouponnière n'a pu soutenir ce discours du fait de l'estime que cette femme a suscitée et de leurs préjugés, bien compréhensibles, sur ce qu'est une mère estimable (elle « n'abandonne » pas son enfant). Lorsque les maternantes expriment enfin leurs pensées, elles réalisent du même coup qu'elles ont probablement pris leur désir pour la réalité. Olivier présente alors une atteinte de la peau (qui n'a pas reçu de diagnostic médical précis) me donnant l'impression qu'il se conforme rigoureusement au désir maternel : qu'il soit adopté par une famille d'une autre couleur que lui, à laquelle il puisse s'identifier. On sait que les petits enfants croient qu'ils ont la même couleur de peau que la première personne qui a pris soin d'eux. Mais pour qu'Olivier puisse adopter sainement, et non de façon régressive, un père et une mère, il faut qu'il sache que père et mère biologiques (ou archaïques) sont en lui, intégrés de façon non réversible à son corps.

Tant que les maternantes ont cru que la mère biologique reviendrait, Olivier, positivement greffé sur elles, n'a pas senti le vide que provoque toute séparation d'avec la mère. Mais dès l'instant où *elles* prennent acte de ce vide, Olivier tente de restaurer la plénitude corporelle telle qu'il l'a connue lorsqu'il n'était pas seul : avant sa naissance, avant que les poumons ne se substituent au placenta, organe qui pendant cette période assure les échanges avec l'extérieur, avant la coupure du cordon ombilical qui signifie toujours la séparation des corps mais qui, pour lui, va signifier aussi qu'il ne sera plus jamais relié à ce corps-là autrement qu'en lui-même. La mise en mots de cette coupure pourra, espérons-le, permettre à Olivier de vivre et dans son corps et dans un rapport à l'autre.

Zoé, un syndrome de manque

Zoé a trois mois. Après les présentations, la responsable d'unité[7] *me raconte l'histoire suivante :*

Zoé est née sous X. Son prénom a été choisi par le personnel de la maternité. Elle est officiellement adoptable depuis quelques jours, les géniteurs ne s'étant pas rétractés pendant le délai légal. À la naissance, elle pesait 3 150 grammes. Sa mère ne l'a pas vue car elle a accouché sous anesthésie générale et l'enfant ne lui a pas été présentée, ainsi qu'elle l'avait souhaité. Père et mère sont séropositifs (au virus du sida). La mère aurait évoqué la possibilité d'avorter, connaissant sa séropositivité mais y a renoncé (j'apprends aussi que cette femme a fait plusieurs IVG *avant d'avoir un premier enfant et deux* IVG *avant d'être enceinte de Zoé). Héroïnomane, elle*

7. La pouponnière d'Antony est structurée en « unités de vie » composées de 24 enfants et de 2 groupes d'adultes (un le matin et un l'après-midi). La responsable d'unité (puéricultrice ou infirmière de formation) gère l'unité, encadre les maternantes et anime le groupe. Elle est référante, d'une façon directe et personnelle auprès de l'enfant, pour ce qui concerne sa vie quotidienne et au-delà. Elle reçoit les parents dans la même perspective : parler avec eux de l'institution, de ses règles, de leur enfant dans l'institution à partir des faits de la vie quotidienne.

n'a pas arrêté de se droguer pendant la grossesse. Zoé a rapidement présenté un état de manque et a donc dû être sevrée ; elle est également séropositive, à la naissance.

Zoé est arrivée à la pouponnière à dix-huit jours, dès la sortie de la maternité où elle est restée jusqu'au sevrage de la drogue. À l'arrivée, les maternantes l'ont trouvée très expressive ; elle buvait bien ses biberons. À cinq semaines, Zoé fait une pause respiratoire après le bain, se cyanose, devient hypotonique. La maternante la secoue, elle respire à nouveau et s'endort. À la suite de cet épisode inquiétant, elle est hospitalisée une dizaine de jours pour bilan par crainte d'une mort subite du nourrisson. À son retour, elle a les fesses très rouges et, pour la première fois, en raison de la séropositivité, les maternantes vont devoir effectuer les soins de peau avec des gants, ce qui, pour elles, « ne facilite pas le contact ». Son comportement a beaucoup changé puisqu'elle dort beaucoup, ne réclame plus jamais ses biberons mais boit bien et reprend doucement du poids.

Le motif de la consultation est la persistance d'une diarrhée qui résiste à tous les traitements médicaux et aggrave les lésions de la peau au niveau des fesses.

Dans les bras de la maternante, Zoé est toute molle. Je capte difficilement un regard atone d'autant que ses paupières supérieures retombent presque entièrement sur ses yeux. Le récit que je viens d'entendre me laisse assez perplexe : c'est la première fois que je reçois un bébé séropositif, je n'ai que des notions journalistiques sur les évolutions possibles de la séropositivité du nourrisson, j'ai du mal à me représenter ces parents sans porter de jugement, ce qui me para-

site pour écouter Zoé, lorsque me revient en mémoire le fait que la diarrhée est un des signes du syndrome de manque. Je peux alors parler à Zoé : « Tu viens me voir pour que nous essayions de comprendre pourquoi tu as une diarrhée que les médecins n'arrivent pas à soigner. Cette diarrhée vient de ta mère qui ne t'a jamais regardée. Pendant que tu étais dans son ventre, ta mère prenait de la drogue et tu en prenais aussi. Quand tu es née, tes parents avaient décidé pour toi que tu serais élevée dans une autre famille, une famille d'adoption. Ils ont été en contact avec un virus qui peut rendre très malade et on ne sait pas s'ils vont vivre longtemps. Tu as été privée de ta mère et aussi de la drogue qu'elle prenait. On t'a bien soignée pour le manque de drogue mais peut-être pas pour le manque de mère. Je crois que tu souffres du manque de mère et je veux bien te revoir. »

Zoé a très péniblement soulevé ses paupières pendant que je lui parlais et ses yeux se sont clos dès que je me suis tue. En raison des vacances d'été, le rendez-vous suivant n'a eu lieu que deux mois plus tard.

Zoé a maintenant cinq mois. La maternante trouve qu'elle va beaucoup mieux. Elle ne parle pas de la diarrhée, je ne pose pas de question. Zoé, dit la maternante, sourit, s'intéresse au monde extérieur, tient bien sa tête. J'observe au contraire une petite fille avachie, le regard vide, ne bougeant pas, ne manifestant aucun intérêt quand je la sollicite en lui parlant, en proposant des objets, en lui faisant entendre des rythmes. Ses mains sont chaudes mais immobiles, son regard ne commande aucun geste. Je lui raconte ce que je sais de son histoire et de l'histoire de ses parents ; ce n'est que lorsque je prononce le mot « mère de naissance » qu'elle me regarde et se redresse un peu. Je pense arrêter la séance lorsqu'elle se met à pleurer très violemment. « Je pense que tu pleures parce qu'il a dû se passer quelque chose au cinquième mois de la grossesse de ta mère de naissance. Je ne sais pas ce qui s'est passé, tu dois le savoir mais tu ne pourras pas le demander puisque tu ne reverras jamais ta mère de naissance. Peut-être est-ce à ce moment-là que ta mère a le plus pensé à avorter... Mais maintenant que tu es là, tu peux décider de vivre vraiment ! » Zoé s'arrête de pleurer, referme les yeux et je lui dis au revoir.

Un mois plus tard, Zoé est beaucoup plus éveillée, tonique, elle me regarde en face, me sourit quand je lui parle, ses paupières me paraissent moins lourdes à soulever, son regard est plus vivant. La maternante trouve qu'elle va très bien. Ses fesses ne sont plus abîmées, on peut la toucher sans porter de gants. Au dernier examen, elle est séronégative ; l'Aide sociale à l'enfance a décidé de prendre contact avec une famille adoptive malgré le risque non totalement exclu, dans l'état actuel des connaissances, de la réapparition ultérieure de la séropositivité. Je parle à Zoé de sa future famille adoptive qui pense déjà depuis longtemps à la venue d'un enfant mais ne sait pas encore que ce sera elle, Zoé. Elle aussi peut penser à son père et sa mère d'adoption qu'elle ne connaît pas encore.

Deux mois plus tard (à huit mois) Zoé est adoptée par un couple informé du passé biologique des géniteurs et de l'histoire de Zoé depuis sa venue au monde. Mon nom leur a été transmis et ils ont la possibilité de me contacter, s'ils le souhaitent, ce qu'ils feront un peu plus tard.

Accouchant sous anesthésie générale, la mère fut absente lors de la coupure du cordon ombilical. Ayant demandé à ne pas voir l'enfant, elle ne l'a pas reconnue dans son sexe et ne l'a pas nommée, signifiant par là même une absence de désir qu'elle vive. Elle-même en sursis, elle n'a ni rompu, ni noué le fil nourricier ; Zoé en est mal séparée physiquement (la drogue agit encore en elle) et pas du tout symboliquement du fait de l'absence de nomination [8].

À cinq semaines, l'épisode de pause respiratoire à la sortie du bain suivi d'un changement de comportement (sans négliger la séparation due à l'hospitalisation) montre qu'à ce stade Zoé ne peut ni vivre, ni mourir. Elle paraît actualiser, dans le réel de son corps, ce qu'a été sa naissance : la sortie de l'eau (l'accouchement) l'introduit à une non-vie (l'arrêt respiratoire). Certains orifices de son corps (son œil pour les sens, sa bouche et son anus pour les sphincters) ne se spécifient pas dans une fonction symbolisante : ses paupières ne se soulèvent pas plus que celles d'une mère qui ne l'a jamais vue, signant le manque de référence à l'autre ; l'appareil digestif reste béant : elle avale ses biberons quand on les lui présente mais ne les réclame pas et se vide par l'anus. Zoé a survécu au manque de drogue mais ne peut symboliser le manque d'une mère qui ne lui a donné la vie ni par la parole, ni par le désir.

À cinq mois, manifestement soutenue par le désir

8. Vasse D., *op. cit.*, p. 16.

de vie de l'institution entière, Zoé a pu transférer sur les maternantes ce qu'il y avait de vivant en elle. Le contraste entre la description de la maternante et ce que j'observe me rappelle, s'il en est besoin, qu'il s'agit d'une *séance* : c'est avec l'analyste, dans le transfert, que doit se revivre la rupture. Mais, sur l'instant, l'attitude de Zoé ne fait pas sens pour moi. Je reprends, en m'adressant à elle, ce que j'ai écrit dans le dossier, assez insatisfaite de mon incompréhension. Ses pleurs me secouent et me font brusquement penser que Zoé, là, devant moi, m'indique l'origine de la rupture : à cinq mois. Françoise Dolto nous a appris, devant tout symptôme apparaissant entre la naissance et neuf mois, à nous interroger (et, si possible, à interroger les parents) sur ce qui s'est passé au même âge intra-utérin. C'est cette interrogation que j'ai formulée à Zoé dans son contexte : il est possible qu'à cinq semaines et/ou à cinq mois, la mère ait tenté ou fortement envisagé d'avorter et qu'aussi bien l'épisode de « mort subite » à cinq semaines et la prostration à cinq mois en ma présence en soient la réactualisation.

Mais l'interprétation (l'effet de sens) ne peut pas se dire lorsque le comportement de l'enfant est rapporté par un tiers, lorsqu'il n'est pas inscrit *par l'enfant* dans la séance. Cela reviendrait à dénaturer la cure en bloquant l'enfant dans la réalité de la sphère institutionnelle (familiale quand l'enfant vit avec ses parents) ou éducative. Seule l'écoute dans le transfert autorise la formulation de l'interprétation à l'enfant. C'est pourquoi les maternantes (ou les parents en d'autres circonstances) ne sont jamais questionnés sur l'existence ou l'évolution d'un symptôme. Ce qu'elles jugent utile de dire, concernant le corps de l'enfant ou son comportement dans la vie quotidienne, est formulé devant lui, inscrit en sa présence dans le dossier (laissant une trace écrite), mais ne doit, en aucun cas, lui être renvoyé avant qu'il ne manifeste, d'une façon ou d'une autre, que *lui* souhaite en parler. Il n'en va pas de même lorsque la maternante rapporte des informations concernant le *statut social* de l'enfant ou de ses parents (adoption, placement, décision judiciaire par exemple). Dans ce cas, la formulation directe des décisions qui le concernent dans son corps et dans son rapport avec la société a pour fonction de le rendre sujet de ce discours et d'en assumer les effets.

Fleur, l'enfant de la poubelle

Par une journée assez fraîche, une petite fille a été trouvée (par un homme) dans un jardin public, enveloppée d'un linge rose dans un sac-poubelles en plastique. Une femme l'a accompagnée au commissariat, d'où les policiers l'ont conduite à l'hôpital. Sa température était de 35° 5, elle pesait 2 600 grammes, présentait une fracture de la clavicule gauche, le cordon était proprement sectionné et les médecins ont estimé qu'elle avait au plus quelques jours et l'ont prénommée Fleur. Elle est entrée à la pouponnière treize jours après avoir été trouvée.

À son arrivée, elle se portait, je dirais à la surprise générale, fort bien. Sur le plan juridique, elle est immatriculée pupille d'État et une procédure judiciaire est en cours pour rechercher les géniteurs. Elle a continué à aller bien pendant un mois puis, en quelques jours, la situation a brusquement changé. La toux et l'encombrement bronchique, jusqu'alors discrets, se sont aggravés. Une bronchiolite a suivi, avec décompensation respiratoire brutale entraînant un transfert par le Samu dans une unité de réanimation. Une maternante lui rend visite tous les jours, la trouve très fatiguée, souvent arc-boutée en arrière, ne pouvant émettre un son à cause de l'intubation. C'est au sixième jour de cette hospitalisation que la responsable d'unité et un membre du groupement viennent me parler pour essayer d'aider Fleur. Après les avoir écoutés, j'ai demandé à la responsable d'unité, si elle s'en sentait capable, de reprendre avec Fleur les choses suivantes :

– lui parler de sa naissance (à cause de la position du corps et de la tête renversés en arrière comme pendant l'accouchement) pour lui dire que nous n'en connaissions pas les conditions et lui raconter comment elle avait été trouvée ;

– lui dire que sa mère de naissance l'avait abandonnée vivante pour la société et qu'elle-même était restée vivante ;

– qu'on ne savait pas encore si elle reverrait un jour sa mère de naissance, que la police recherchait ;

– qu'il nous semblait que maintenant elle ne savait plus si elle voulait vivre ou mourir ; que son choix serait respecté mais pas à l'hôpital, qui est un lieu où les médecins ont pour mission de ne pas laisser mourir les enfants ;

– qu'elle avait sa mère en elle et que nous pensions que peut-être l'atteinte de ses poumons lui permettait

de la faire vivre en elle comme lorsqu'elle lui était reliée par le placenta.

La responsable d'unité est ensuite revenue me dire qu'elle avait parlé à Fleur pendant qu'elle dormait. Elle s'est réveillée juste avant son départ et l'a intensément regardée. Elle est allée très rapidement beaucoup mieux, ce qui a surpris les médecins et lui a permis de quitter l'unité de réanimation deux jours plus tard. Quand on lui a annoncé qu'elle allait quitter l'hôpital (avec pas mal d'enthousiasme du côté des maternantes), on a été obligé de différer un peu la sortie à cause d'une diarrhée avec perte de poids et des prises de biberon difficiles. Après concertation téléphonique, la responsable d'unité est allée lui dire que nous pensions que la sortie allait certainement être un moment très difficile. Qu'elle avait peut-être cru qu'on ne respecterait pas son choix étant donné l'enthousiasme des maternantes. Qu'elles étaient payées pour s'occuper d'elle et l'aider à vivre. Que sa mère, à ce jour, n'avait pas été retrouvée. Qu'elle essayait peut-être de la garder dans un premier temps avec ses poumons et de l'évacuer avec sa diarrhée mais que, de toute façon, elle était à l'intérieur d'elle. Elle a écouté avec grand intérêt en fronçant les sourcils et s'est endormie quand on lui a parlé de diarrhée.

Depuis son retour à la pouponnière, Fleur vient tous les quinze jours à ma consultation. Son état physique est encore oscillant avec des épisodes de toux et une courbe de poids variable. À la troisième consultation, la maternante trouve qu'elle va mieux, beaucoup plus éveillée. Elle-même met l'accent sur la nette amélioration de ses contacts affectifs et la diminution de l'inquiétude de l'entourage concernant la santé de Fleur. Elle me signale néanmoins qu'elle la trouve un peu molle. Mais lors de cet entretien, Fleur n'est pas molle du tout : elle hurle pendant toute la séance exprimant, me semble-t-il, douleur et colère, ce que je lui dis en reprenant les raisons pour lesquelles elle est actuellement à la pouponnière. Quinze jours plus tard, la kinésithérapie respiratoire a pu être suspendue, Fleur ne toussant que lorsqu'elle est mécontente ; elle commence à sourire, à gazouiller, à redresser la tête mais pendant les séances, elle reste très sérieuse, fronçant les sourcils, me fixant avec un regard très particulier : les yeux sont immenses, presque exagérément ouverts, sans cillement des paupières, le regard est vivant, intense, exigeant, captateur, rivé à mon propre regard, me donnant l'impression de plonger en elle mais non de me perdre grâce à la participation tonique du visage (en particulier le froncement prolongé des sourcils) qui donne des limites à cette profondeur.

Quelques jours avant la tenue du conseil de famille, elle a vomi ; le jour où on lui a annoncé qu'une famille adoptive allait être pressentie, elle a eu 39° de fièvre. Lors de la séance où la maternante me raconte ces événements, Fleur est toujours très sérieuse. Je lui parle de la possibilité qu'elle a d'adopter une famille et surtout que l'on compte sur elle pour signifier si cette famille lui convient : « Tu es capable de savoir si c'est une bonne famille pour toi, comme tu as été capable de choisir entre vivre et mourir. » À ce moment-là, Fleur me regarde, fait un petit sourire en coin absolument désarmant et redresse la tête.

Quinze jours plus tard, Fleur est venue, pour la dernière fois, avec ses parents adoptifs, plusieurs rencontres ayant déjà eu lieu à la pouponnière et s'étant apparemment fort bien passées. Elle est entrée portée par son père qui l'a remise à sa mère pendant l'entretien. Confortablement installée, ses yeux sont restés rivés dans ceux de sa mère, sans me jeter le moindre regard. Les parents, très émus, m'ont raconté leurs premières rencontres et témoigné du bonheur qu'ils éprouvaient à accueillir Fleur. Ils ont spontanément exprimé leur reconnaissance vis-à-vis de la mère biologique de Fleur puisque cet abandon leur permettait, à eux, d'élever cette enfant.

Les faits sont là et ne peuvent être changés : Fleur a été abandonnée sur la voie publique comme un déchet. Ayant survécu physiquement à la solitude extrême, à la douleur, au froid, à la faim, à l'approche de la mort en se chosifiant (elle a été trouvée « sans vie »), Fleur peut être aidée à survivre psychiquement grâce aux liens symboliques et imaginaires qu'elle pourra créer si on lui parle.

La coupure « propre » de l'ombilic, consignée dans le dossier médical, indique que la séparation réelle des corps a eu lieu, tandis que la décompensation pulmonaire, survenant lorsque Fleur est enfin accueillie dans le monde, suggère que le processus de symbolisation initié par la parole dans la nomination n'a pas eu lieu. Fleur est déliée physiquement de la source de vie mais n'a pu s'y relier symboliquement. Son corps sans lien, celui de la poubelle, a fait le mort pour ne pas mourir alors que « la vie selon le désir ne se donne que lorsqu'elle se risque dans le lieu de la chair [9] ». Lui dire qu'elle *peut* mourir si c'est son désir de sujet

9. Vasse D., *op. cit.*, p. 50.

signifie qu'elle peut vivre, séparée de sa source de vie selon le désir de sa mère. Son corps biologique se réanime à chaque fois qu'il est question de créer du lien, de se donner à la vie : lorsque les maternantes la « materment », c'est par son appareil respiratoire que Fleur manifeste à quel point il est difficile ou angoissant d'y laisser pénétrer l'air, autre source de vie ; lorsque a lieu le conseil de famille qui va statuer sur une nouvelle orientation dans sa vie, elle vomit, inversant, au niveau du tractus digestif, le sens naturel des aliments ; lorsqu'on lui parle de futurs parents adoptifs, elle fait une forte poussée de fièvre, elle qui a eu si froid lors du passage de la vie intra-utérine à la vie extérieure [10].

Un enfant abandonné, lorsqu'il survit, est beaucoup plus fort qu'un autre : son désir de vie, mis à l'épreuve, l'a emporté. À l'hôpital, de nos jours, son corps ne peut pratiquement pas mourir mais son psychisme est en danger. La thérapie analytique permet de lui donner une famille intérieure et, en principe, déjà vers trois ans, il peut être dégagé de la dépendance à l'égard des parents (surtout s'il n'en a pas) même s'il a besoin de l'assistance des adultes.

En relisant mes notes, je me suis aperçue que j'avais parlé en toute confiance à Fleur, âgée de quatre mois, d'une future famille adoptive, la sentant capable de

---

10. Françoise Dolto considérait que les fièvres d'émotion, de trac, correspondent à une régression ombilicale. Passer brusquement d'une température à une autre survient, la première fois, au moment de la naissance. Les personnes qui ont ressenti, en même temps, un danger autour du cordon ombilical peuvent en conserver une fragilité et une inquiétude physiologiques. Quand un enfant est angoissé, il traduit « froid subit » et répond « chaleur subite » (*Dialogues québécois*, Éd. du Seuil, 1987, p. 93).

désirer ou non être adoptée et de pouvoir choisir cette famille. Les parents qu'*elle* s'est choisis lui ont restitué, en paroles, sa mère de naissance, montrant d'une part qu'ils lui donnaient son âge, cinq mois (et non *moins neuf mois* comme le font certaines mères adoptives qui ne parlent pas de la mère de naissance et *accouchent* de l'enfant adoptif en lui attribuant en pensée l'âge de sa conception [11]) et d'autre part, sa place dans le symbolique. J'ai alors pensé que nous étions encore bien ignorants sur la précocité de l'intelligence humaine.

La poupée Bella

Bella vient pour la première fois à ma consultation à quatre mois et demi. Elle est arrivée à la pouponnière à l'âge de quinze jours. Les trois adultes qui l'accompagnent (éducatrice, responsable d'unité et maternante) vont raconter devant elle les faits suivants : Bella est née à quarante et une semaines de grossesse avec un poids de naissance de 3 450 grammes. Elle a passé six jours à la maternité et au septième jour s'est mise à vomir à tel point qu'elle a été hospitalisée en néo-natalogie pendant une semaine. Il est noté dans son dossier, qu'avant son départ de la maternité, elle a fait son premier sourire tandis qu'à l'hôpital, une seule infirmière s'est efforcée de s'occuper d'elle et lui a offert une peluche.

11. Cf. Dolto F., *op. cit.*, p. 39.

À quinze jours, Bella est transférée à la pouponnière car sa mère avait accouché sous X au terme d'une grossesse non suivie. On sait également que la mère était toxicomane et séropositive au virus du sida depuis quatre ans. Bella est née séropositive et l'épisode de vomissements avec déshydratation du septième jour a été considéré et traité comme un syndrome de sevrage. À la naissance, la mère a vu l'enfant et a demandé très vite qu'on la reprenne. On ne sait pas si elle lui a parlé ; les prénoms ont été choisis par la sage-femme qui a trouvé que « Bella » lui allait parfaitement car elle la trouvait très belle. En ce qui concerne le père, on ne connaît que sa nationalité et le fait qu'il n'était pas marié avec la mère, qui vivait seule.

Bella est donc immatriculée pupille de l'État ; elle est adoptable, le délai légal de trois mois pendant lequel les parents ont la possibilité de reconnaître l'enfant, étant passé. Les tests vérifiant la présence du virus HIV *se sont rapidement négativés mais sont régulièrement renouvelés. Le conseil de famille a cependant décidé d'attendre quelques mois avant de la faire adopter.*

Le motif de la consultation est le suivant : en quatre mois et demi de vie, Bella a déjà été hospitalisée trois fois, toujours en urgence, et le personnel de la pouponnière pense qu'elle pourrait bénéficier d'une psychanalyse.

À cinq semaines, Bella est opérée en urgence d'une hernie de l'ovaire (symbole le plus caché de sa future féminité) ; le chirurgien va être obligé d'en pratiquer l'ablation. Elle revient à la pouponnière dès le lendemain de l'intervention et les maternantes la trouvent beaucoup plus calme, comme « soulagée » (est-ce simplement qu'elle ne souffre plus ?).

À deux mois, elle est réhospitalisée une quinzaine de jours pour une bronchite asthmatiforme avec insuffisance respiratoire et diarrhée. On remarque alors que les dates d'hospitalisation et leur durée correspondent exactement aux vacances de sa maternante de référence. Comme celle-ci doit bientôt repartir, elle s'inquiète des conséquences de son départ sur la santé de Bella. Le traitement médical est assez contraignant : kinésithérapie respiratoire, médicaments, traitement antireflux, ce qui implique une contention permanente pour la maintenir presque debout, jour et nuit.

Pendant ce récit où l'on parle d'elle, Bella se tient bien assise sur les genoux de sa maternante, elle me regarde, regarde chaque personne présente, fait de grands sourires, gazouille beaucoup et longtemps, bref elle fait du charme, tout le monde la trouve charmante et s'efforce de la faire sourire encore plus. Je n'en suis que plus surprise de ma propre réaction : d'une part, je ne la trouve pas spécialement séduisante, d'autre part, je ne ressens... strictement rien : ni l'accouchement sous X, ni la séropositivité, ni le syndrome de manque, ni le récit dramatique de ses hospitalisations ne provoquent en moi la moindre émotion. Ayant déjà reçu Olivier, Zoé, Fleur et bien d'autres enfants, je mesure la différence de mes réactions. Mais au moment de m'adresser directement à Bella, je repousse complètement cette absence de sensation et mobilise mon expérience passée pour lui dire ce que je pense qu'il faut dire dans de telles circonstances : qu'elle ne reverra plus jamais sa mère de naissance qui l'a mise au monde vivante en souhaitant pour elle qu'elle soit élevée dans une autre famille, que sa première hospitalisation est liée aux drogues que sa mère a absorbées et elle aussi pendant la grossesse et qu'il est peut-être plus facile de soigner un manque de drogue qu'un manque de mère ; que je veux bien la revoir pour essayer de comprendre ensemble pourquoi elle a tant de mal à adopter son corps alors qu'elle est elle-même en attente de parents adoptifs. Pendant que je m'adresse, somme toute assez brièvement à elle, Bella s'affaisse en arrière, détourne son regard du mien pour fixer les yeux de sa maternante mais d'un regard vide, jusqu'à ce que je me taise. Dès que j'arrête de parler, elle se redresse et reprend ses sourires charmeurs. Le rendez-vous suivant est fixé. Je me sens extrêmement mal à l'aise, ayant le sentiment d'avoir parlé avec un savoir « prêt-à-porter » et de n'avoir pas été capable de comprendre quoi que ce soit de nouveau concernant cette petite fille. J'en suis au point de me demander s'il n'est pas temps pour moi de changer de métier.

Le jour du rendez-vous suivant, à la première heure, la responsable d'unité de la pouponnière me téléphone pour m'informer que quelques jours après la première séance, Bella a fait une bronchiolite sévère qui l'a conduite à l'hôpital. Son état s'est aggravé en trois jours au point de la faire transférer par le SAMU *dans le service de réanimation d'un autre hôpital où elle a été intubée pour la mise sous assistance respiratoire. La responsable d'unité doit aller la voir le jour même et me demande ce qu'elle peut lui dire. Cette fois encore, malgré l'attente anxieuse de mon interlocutrice, je parle en fonction d'expériences passées et refuse de tenir compte de mon absence d'émotion, dont je suis, pour le coup, toute remuée.*

À la fin de ma lourde journée de consultation où tout s'est déroulé sans incident avec les nourrissons que j'ai reçus, je me suis dit, en parlant avec mes collègues de mon désarroi, que plutôt que de changer de métier, tout au moins dans l'immédiat !, je ferais mieux d'essayer de comprendre ce qui se passait avec cette enfant-là. J'ai repris mon dossier en tentant de me remémorer ce que j'avais pensé au cours de cette fameuse consultation. L'attitude des personnes de la pouponnière n'avait rien de particulier : elles étaient présentes, très inquiètes et s'adressaient franchement à moi. L'histoire de Bella, pour ce que j'en savais, ne me renvoyait à aucun élément troublant de mon histoire personnelle. J'avais noté : Bella est très « communicante », ce terme, que je n'emploie pas, m'ayant été suggéré par la responsable d'unité. En y repensant, je revoyais Bella nettement plus âgée que son âge car elle s'était tenue assise sans appui pendant tout l'entretien et surtout avait gazouillé, souri, joué pendant une bonne heure, sans interruption. L'image d'une poupée s'est alors imposée, poupée sans aucune authenticité. J'ai subitement compris mon absence d'intérêt, les poupées, sans vie, ne m'intéressant plus depuis longtemps. J'avais bien noté aussi le bref moment de retrait lorsque je m'étais adressée à elle mais n'en avais rien dit, pas plus que je n'avais osé reconnaître sur le coup et encore moins exprimer ma distance, m'étant contrainte à réagir comme j'avais pu le faire dans le passé, pensant que cette absence de réaction devait me remettre totalement en question sans envisager un seul instant qu'il s'agissait d'un effet de contre-transfert [12].

Pour la première fois, en me remémorant cette rencontre plutôt ratée, j'ai éprouvé de la sollicitude pour cette petite fille : séparée de corps d'avec sa mère dès la naissance, ayant impressionné une sage-femme par sa beauté, le processus de symbolisation initié par la parole dans la nomination s'était probablement articulé autour de son prénom. Ayant un lien trop fragile à une source de vie trop éphémère, elle s'est peut-être crue obligée d'incarner son prénom dans son corps au point de devenir une sorte de robot. Bella était un nourrisson soumis à ce qu'elle percevait comme des exigences séductrices de l'environnement, se forçant à exister mais de façon fausse : elle souriait tellement, je l'ai appris plus tard, que tous les adultes qui l'apercevaient, même de loin, s'amusaient à venir la faire sourire encore plus, s'extasiant devant son apparente joie de vivre assimilée à de la beauté, ce qui ne pouvait que la confirmer dans ses modes de paraître. Elle ne pouvait exprimer sa révolte ou sa trop grande peine qu'en tombant brutalement très malade, seul état où elle se permettait d'être « vraie », c'est-à-dire de laisser libre jeu à ses fonctions corporelles, tout en étant sûre de continuer à mobiliser une attention de soins. On m'avait parlé de Bella comme d'une enfant « très communicante » ou « très malade » mais entre ces deux états, il n'y avait... rien.

J'ai attendu avec la plus grande impatience le coup

---

12. Contre-transfert : ensemble des réactions inconscientes de l'analyste à la personne de l'analysé et plus particulièrement au transfert de celui-ci, *in Vocabulaire de la psychanalyse*, J. Laplanche et J.-B. Pontalis, PUF, 1967.

de téléphone de la responsable d'unité ; en lui parlant de Bella, celle-ci est devenue enfin vivante pour moi si j'en juge par le ton et le débit avec lesquels je lui ai fait part de mes réflexions. J'étais subitement pressée qu'elle retourne la voir et émue de savoir que Bella lui avait fortement serré la main quand elle lui avait parlé de moi, le jour même.

Avant cette seconde visite, Bella avait pu se passer de l'assistance respiratoire. Elle a reçu la responsable d'unité avec un immense sourire « jusqu'aux oreilles », m'a-t-on rapporté. Celle-ci a commencé par lui dire qu'elle n'était pas obligée de sourire pour qu'on s'occupe d'elle et Bella a arrêté de sourire. Elle a ajouté qu'elle n'était pas obligée de se rendre très malade pour dire sa peine : on pouvait la comprendre et être avec elle lorsqu'elle était triste. Bella s'est mise à pleurer, ce qu'elle ne faisait jamais, pendant une heure et demie. La responsable d'unité n'a pas essayé de la consoler mais a continué à lui parler et à être présente, ce qui est très éprouvant.

Je passe plus rapidement sur les suites qui ne sont ni simples ni miraculeuses. Au cours des mois suivants, Bella a eu une maladie bénigne, la varicelle, ce qui a eu le mérite de la défigurer momentanément, si bien que personne ne s'est plus amusé à venir la séduire. Les vacances de sa maternante ont été bien préparées ; pendant son absence, Bella a fait un bref séjour programmé à l'hôpital pour examens complémentaires. À son retour, elle a eu une otite et une infection pulmonaire, sans gravité sur le plan médical, qui ont pu être traitées à la pouponnière. Ces épisodes ont leur importance car, jusqu'alors, Bella exprimait sa vraie personnalité en étant proche de l'anéantis-

sement (aphanisis) *et je n'avais aucun indice me permettant de savoir si, pour elle, être « vraie » ne voulait pas dire être morte.*

Au terme d'investigations extrêmement sophistiquées, les médecins ont conclu qu'elle faisait des fausses routes a minima *(au lieu de passer par le tube digestif, la nourriture passe par la trachée), imperceptibles cliniquement mais devenant une source d'infection permanente pour ses poumons. Ils ont prescrit, entre autres, un sevrage rapide des biberons pour une nourriture plus solide, prescription à laquelle Bella s'est soumise sans problème, comme on pouvait s'y attendre.*

Coïncidence ? Pour les médecins aussi, Bella avait tout faux : elle donnait l'apparence de prendre très bien ses biberons, ne s'étouffant jamais, mais la nourriture faisait fausse route, tout comme elle-même faisait fausse route en souriant sans arrêt.

Lorsque je viens maintenant chercher Bella dans la salle d'attente, elle m'attend, sourcils froncés sans esquisser le moindre sourire ! Elle a d'abord pleuré pendant plusieurs séances avec des variantes assez subtiles que j'ai tenté de mettre en mots. En fonction de ses manifestations physiologiques (accès de fièvre juste avant la séance par exemple) et respiratoires (sifflement, encombrement, etc.), ainsi que du diagnostic médical, j'ai pu aborder en paroles la question de la fausse route et reprendre au fur et à mesure les origines de la rupture, « pour de vrai ».

À dix mois, Bella va parfaitement bien : elle se met (enfin !) en colère lorsqu'elle n'est pas contente, n'ayant absolument plus peur de déplaire à ses maternantes. Elle refuse de manger ce qu'elle n'aime pas alors qu'on aurait pu lui faire avaler n'importe quoi. Elle défend ses jouets parce que quelque chose peut lui appartenir. Elle peut enfin dormir couchée dans son lit, le traitement antireflux n'ayant plus d'objet.

Grâce au dynamisme et à l'insistance de sa référente, le conseil de famille a réexaminé son dossier plus tôt que prévu : Bella a fêté son premier anniversaire dans sa famille adoptive.

Je me suis longtemps interrogée sur la question de savoir pourquoi la psychanalyse de nourrissons me passionnait alors que, dans la vie, je n'ai aucune attirance particulière envers les enfants en tant que classe d'âge, encore moins pour les nourrissons, et n'ai aucun don particulier pour éprouver ou comprendre leurs sensations. Ce n'est que récemment qu'un de mes amis, chorégraphe, m'a permis, au hasard d'une conversation, de trouver la clé de mon intérêt, qui se trouve bien sûr dans ma propre enfance. Puisque j'ai parlé de chorégraphie, l'on peut pressentir qu'il existe pour moi un lien entre une certaine forme d'expression du corps et la psychanalyse. Petite fille, j'ai banalement rêvé de devenir danseuse avant de changer d'avis à la suite d'une remarque parentale refroidissante : « Si tu veux être une artiste, il faut que tu sois la meilleure ! » Ayant d'autres rêves, renoncer à la danse en tant que profession ne m'avait jamais paru poser problème. Mais j'ai toujours continué à prendre des cours de danse ; j'en éprouve un plaisir détaché de toute ambition et qui n'a consciemment aucun rapport avec la pratique de la psychanalyse. Ce plaisir est totalement dépendant de la qualité du professeur car, ce qui me plaît, ce ne sont ni la chorégraphie, ni l'exercice physique, ni la « grâce », mais la possibilité d'arriver à prendre conscience d'un mouvement ou d'un enchaînement de mouvements corporels jusqu'à ce qu'ils soient justes, en étant guidée par les paroles et uniquement les paroles du professeur : lorsque celles-ci sont « justes », leur effet sur le corps est immédiat, durable, contrastant avec des injonctions désagréables du type « tiens-toi droit » n'ayant qu'un effet très limité car il s'agit de *paraître* droit et non de *se sentir* droit.

Dans ce domaine, la psychanalyse des petits enfants est nettement supérieure au cours de danse ! Elle consiste à se servir de son propre corps pour ressentir les effets qu'ont eus paroles et événements sur le corps de l'enfant, puis de mettre en mots ces sensations pour que ces paroles agissent à leur tour sur le corps de l'enfant. En ce sens, ce n'est pas le corps qui parle : le corps est le lieu du langage.

Cette conversation précédant de peu ma rencontre avec Bella éclaire peut-être l'importance qu'a prise pour moi cette première consultation : tant que je n'ai pu prendre acte, au titre du contre-transfert, de *l'absence* d'effet corporel produit sur moi par cette petite fille, aucune notion théorique ne pouvait me servir à comprendre quoi que ce soit.

Mais comment avais-je pu me faire si facilement confiance avec d'autres nourrissons lorsque je ressentais quelque chose et me trouver totalement mise en question parce que je ne ressentais rien ? À cause de la danse, voyons ! Ayant finalement réussi à me servir de mon corps comme je l'entendais, j'évite en apparence d'affronter l'injonction parentale, « être la meilleure », mais n'en éprouve pas moins une fragilité : si je ne réussis pas (ici : à comprendre avec mon corps) ce ne peut être que de mon fait, sinon de ma faute.

Pendant le premier entretien avec Bella, une théorie et un souvenir m'étaient fugitivement revenus en mémoire : la théorie de Winnicott concernant l'élaboration d'une fausse personnalité, le faux « self » destiné à cacher et à protéger le noyau authentique de la personne, le « self » ; et la phrase inaugurale de l'analyse du cas Dominique de Françoise Dolto. Ce garçon lui avait dit d'emblée : « Voilà, moi je ne suis pas comme tout le monde, quelquefois en m'éveillant, je pense que j'ai subi une histoire vraie. » À quoi Françoise Dolto a immédiatement répondu : « Qui t'a rendu pas vrai. » Mais ce n'est qu'après avoir franchi l'étape de l'analyse personnelle de mes propres perceptions que j'ai pu « nouer le corps à la parole » (selon l'expression heureuse de mon ami, le psychanalyste Lucien Kokh), preuve s'il en est qu'aucun analyste ne peut aller plus loin que ce que ses résistances internes lui permettent.

Tous les nourrissons d'une pouponnière ne viennent pas en psychanalyse : ce n'est ni possible, ni même peut-être souhaitable. Mais lorsqu'un enfant, quelle qu'en soit la raison, est pris en charge par la collectivité, l'institution qui la représente se doit de penser les conditions minimum nécessaires pour que cet enfant devienne un homme ou une femme dont la dignité aura été respectée. À la pouponnière d'Antony, où la responsabilité institutionnelle fait depuis longtemps l'objet d'une réflexion collective, deux postulats ont été admis : le premier est que le placement n'est pas pathogène en lui-même mais, au contraire, qu'il « est bénéfique si l'enfant comprend que la société a des devoirs à son égard et qu'il a envers la société le devoir de se protéger contre quelque chose qui le ferait mourir physiquement ou psychiquement avant terme [13] ».

Le second est que l'enfant, quel que soit son âge, peut bénéficier de l'acte analytique s'il souffre : il n'a pas à être considéré uniquement comme l'enfant-symptôme de la pathologie familiale, il est lui-même Sujet. Il n'a pas seulement « droit à la parole » : cette parole doit être entendue, « traitée » au sens où l'on traite une information. Lorsqu'il ne parle pas, ou pas encore, son corps parle de ses expériences passées et présentes. Le lieu corporel touché n'exprime pas seulement une atteinte physique, un symptôme médical, mais avant tout une souffrance de sa personne.

Les symptômes motivant une demande de consultation concernent aussi bien les régulations corporelles (troubles respiratoires, infections à répétition, troubles digestifs, maladies de peau, retard moteur, etc.) que comportementales (absence de dynamisme, trouble dans la relation, retrait autistique, violence, mutisme). Cela témoigne d'une prise de position concernant l'articulation entre le biologique et la psychanalyse qui n'est pas si fréquente. Devant la gravité de ces atteintes, on ne peut se contenter de dire que ce qui rend le plus malade est de ne pas être aimé ou que l'amour arrangera tout. La souffrance de ces enfants peut littéralement les faire mourir ou empêcher toute opération symbolisante malgré la qualité des soins qui leur sont prodigués. Elle provient avant tout du non-respect du savoir sur les origines.

---

13. Dolto F., *Dialogues québécois*, Éd. du Seuil, 1987, p. 140.

Psychanalyse ou psychologie expérimentale ?

J'ai tiré de cette pratique une expérience unique, celle que précisément la psychanalyse apporte sur le plan de la découverte alors que les méthodes expérimentales en psychologie ont pour but d'apporter des preuves. Pour comparer les mérites respectifs des différents modes d'approche, Daniel Widlöcher [14] écrit : « L'étude des cas individuels favorise la découverte alors que les méthodes extensives se préoccupent d'apporter des preuves. (...)

Prouver des évidences attendues n'est guère difficile et c'est bien d'ailleurs le reproche que l'on peut faire à une grande partie des observations qui relèvent de la psychologie dite clinique et qui s'inspirent de la psychanalyse. Le cas singulier, lui, s'inscrit dans la découverte, la surprise voire le paradoxe.(...) Naturellement, un cas unique ne renseigne pas sur tout ce que l'on voudrait savoir. Plus exactement, il pourrait tout enseigner pour autant qu'on fût en état de tout comprendre et qu'on ne fût contraint, par inexpérience de sa propre perception, de se contenter de peu. »

Nous vivons à une époque où la subjectivité de l'expérimentateur est prise en compte dans les sciences dites dures, où les mathématiques ne servent plus à

14. Widlöcher D., « Le cas, au singulier », *in Histoires de cas. Nouvelle revue de psychanalyse,* n° 42, automne 1990, Gallimard, pp. 285-302.

quantifier mais à établir des relations tandis que certains comportements deviennent accessibles à une modélisation scientifique. Cela ne peut nous laisser indifférents mais nous ne devons pas y laisser notre âme, bien au contraire. Comme le dit Isabelle Stengers, philosophe et professeur d'épistémologie à l'université de Bruxelles, « ce n'est pas parce qu'on peut identifier une substance chimique au niveau du cerveau qu'on a fait du cerveau un objet expérimental ». Elle met également en garde à propos du fait que « la ressemblance entre l'empirisme technique et l'expérimentation permet des effets de croyance et d'autorité bien tentants ».

Parallèlement, le temps n'est plus où l'on considérait le nourrisson comme une larve, un tube digestif ou une cire vierge. La naissance est maintenant considérée par les néo-natalogistes comme un « déménagement écologique », ce qui indique bien que, même entre fœtus et nourrisson, il n'y a plus de rupture.

La psychologie de laboratoire a véritablement débuté vers les années 1970 [15] mais il est extrêmement rare que les psychocomportementalistes reconnaissent que, pour une part, ils n'ont fait que vérifier des intuitions psychanalytiques, car le projet, avoué ou non, est souvent de démontrer que le concept d'inconscient est caduc. Mais Jacques Mehler [16] peut-il prétendre clore le sujet en écrivant : « Cette conception (la psycha-

15. Ces travaux sont majoritairement élaborés par des *hommes* aux USA comme en France. Est-ce une simple coïncidence ou une conséquence de la modification du comportement des pères avec leurs enfants : ceux qui s'en occupent dès la naissance sont socialement valorisés. Les nourrissons intéressant les pères deviendraient-ils simultanément objet d'étude pour les chercheurs ?

16. Mehler J., Dupoux E., *Naître humain*, Éd. Odile Jacob, 1990, p. 24.

nalyse) est défectueuse non parce qu'elle postule des processus mentaux qui échappent à notre conscience, mais parce qu'elle présuppose des entités mentales mais ne dit pas comment elles fonctionnent effectivement sans l'intervention d'une intelligence de plus en plus mystérieuse. »

Qu'ont découvert les psychocomportementalistes ? Que le nouveau-né n'est pas aveugle (à la naissance, il voit flou au-delà de 20 cm puis l'acuité visuelle augmente progressivement au cours de la première année, où elle atteint sa limite supérieure), encore moins sourd (l'acuité auditive est la même chez les nouveau-nés et chez les adultes), qu'il sait discriminer le visage, la voix, l'odeur de sa mère et même l'odeur de son lait, qu'il préfère la voix de son père à celle d'autres hommes et bien d'autres choses encore, des plus sophistiquées.

Un pédiatre, Grenier, a montré qu'en tenant la tête et la nuque du nouveau-né d'une façon qui le libère de son incapacité à assurer l'équilibre tonique des muscles du cou et du tronc, il peut s'ouvrir à son environnement et assurer un contact œil à œil de longue durée ; faire des gestes souples et harmonieux, coordonner et ajuster les mouvements des bras, des mains et des doigts en fonction des informations visuelles qu'il perçoit, venant de l'objet [17]. L'enfant de moins de quatre mois sait classer les couleurs dans des catégories perceptives, peut discriminer deux orientations quelconques, est sensible aux formes et pré-

17. Grenier A., « La “ motricité libérée ” par fixation manuelle de la nuque au cours des premières semaines de vie », *in Arch. Fr. Pediatr.*, 1981, 38, pp. 557-561.

disposé à reconnaître autrui comme semblable. En revanche, pour Piaget, l'aptitude à comprendre des états mentaux ne surgirait qu'entre quatre et six ans !

La spécificité revendiquée des différentes approches du nourrisson pourrait viser à délimiter des champs de compétence ou de scientificité entraînant une séparation nécessaire de ces différents domaines si le déni des connaissances psychanalytiques n'avait de graves conséquences sur le plan de l'éthique. Je ne citerai que deux exemples mais, même chez ceux qui prétendent se préoccuper d'éthique, on peut en trouver bien d'autres.

Question : les bébés associent-ils une position dans l'espace à un son [18] ?

Expérience : des enfants de moins d'un mois voient leur mère à un endroit alors que sa voix provient d'un autre endroit.

Résultat : les enfants montrent des signes d'anxiété, ce qui prouve qu'ils associent une position dans l'espace à un son.

Intéressant ? Peut-être. Anodin ? Certainement pas car si rien n'est jamais définitif, rien ne s'efface dans le développement d'un être humain. L'observateur se veut neutre et ce que l'enfant a *ressenti* au cours de l'expérience n'est pas *observable* si l'on n'intègre pas la notion de transfert, ce que les observateurs ne font pas ; ils ne tiennent donc pas compte des *traces* que l'expérience peut laisser, ces traces n'étant pas l'objet de leur étude.

---

18. Aronson E., Rosenblum S., « Space Perception in Early Infancy : Perception with a Common Auditory-Visual Space », *Science 172*, 1971, pp. 1161-1163.

Autre exemple : Pour évaluer la solidité de l'attachement entre un jeune enfant et sa mère, la méthode expérimentale d'Ainsworth est conçue pour engendrer chez l'enfant un niveau croissant de stress modéré (!). Cette situation expérimentale s'appelle : *strange situation* (situation inconnue, étrangère ou étrange). Elle cherche à étudier comment des enfants de moins d'un an, dans leur famille, peuvent ou non modifier leur comportement lorsqu'un des parents s'absente pendant un certain temps et qu'apparaît une personne inconnue d'eux. L'hypothèse est que lorsque l'enfant a un « attachement de qualité » à sa mère, il pourra mieux que d'autres faire face à son environnement. Non content de filmer ces enfants dans ces fameuses situations de « niveau croissant de stress modéré » qui ont pour effet, chez certains, de leur faire vivre des moments de détresse totale, Ainsworth (et coll.) les classent en trois catégories selon leur comportement et en déduisent le degré d'attachement à la mère, qui serait lui-même un reflet des compétences de la mère vis-à-vis de cet enfant.

Le succès de ces épreuves, reprises par de très nombreuses équipes scientifiques, tient au fait qu'elles sont faciles à réaliser, se prêtent à des mesures qui ont l'apparence d'une extrême précision et surtout que les auteurs, allant plus loin, s'en servent pour prédire les capacités ou difficultés futures d'adaptation de l'enfant. Lorsqu'un chercheur comme Hubert Montagner [19] critique l'utilisation de ces travaux, il ne met à aucun moment en cause les effets sur les enfants de

19. Montagner H., *L'Attachement, les débuts de la tendresse,* Éd. Odile Jacob, 1988, pp. 55-59.

ce type d'expérimentation, mais seulement la théorie qui les sous-tend. Et pour cause, puisque lui-même a mis au point d'autres expérimentations tout à fait similaires du point de vue de l'inquiétante étrangeté à laquelle les enfants se trouvent artificiellement confrontés.

Pour ma part, je pense que ce type d'expérience répond à la question : comment fabriquer une situation psychotique expérimentale ? Je n'ai d'ailleurs lu nulle part comment on proposait aux parents de soumettre leurs enfants à de telles expériences, notamment celle imaginée par Spitz et largement reprise par d'autres où, à la demande de l'expérimentateur, la mère présente alternativement à son bébé un visage souriant et un visage figé, dépressif. Cette expérience a pour but de montrer que le bébé est sensible aux modifications du comportement de la mère. Un autre chercheur, Trevarthen [20], en déduit que les capacités à communiquer sont innées puisque présentes dans le cerveau avant la naissance. On voit en passant que le débat sur l'inné et l'acquis se déplace mais qu'il est loin d'être dépassé.

Dans une polémique entre Hubert Montagner et Françoise Dolto [21], à propos d'un film où il lui montrait un enfant vivant artificiellement quelques instants de dissociation perceptive, Françoise Dolto avait exprimé les points suivants :

– l'observation ne révèle jamais ce que l'enfant a ressenti ni le préjudice éventuel causé ;

---

20. Trevarthen C., Hubley P., Sheeran L., « Les activités innées du nourrisson », *in La Recherche*, nº 56, mai 1975, pp. 447-458.

21. Dolto F., *La Cause des enfants*, Éd. Robert Laffont, 1985, pp. 99-113.

– si la recherche sur l'enfant n'est pas motivante pour le désir de l'enfant, c'est l'aliéner à un désir d'adulte, c'est lui faire jouer le rôle d'objet de plaisir de l'adulte. C'est ici l'aliéner à un désir d'adulte qui est le voyeurisme soi-disant scientifique ;

– dernière remarque : le feriez-vous à vos propres enfants ?

Ces arguments de défense de l'éthique m'avaient paru convaincants mais je réalise qu'ils sont totalement insuffisants lorsque je vois par exemple que les psychocomportementalistes ont parfaitement saisi qu'il fallait motiver le désir de l'enfant... mais pour leur propre satisfaction à eux. En voici un exemple à première vue anodin : il s'agit de l'étude de la notion de nombre chez l'enfant en utilisant le test fameux de Piaget : un enfant voit deux rangées de billes identiques, espacées de la même façon, il reconnaît la similitude. On transforme la configuration (l'espacement) sans changer le nombre de billes. L'enfant considère que la rangée la plus longue comporte le plus grand nombre de billes, ce qui est bien sûr faux.

Mehler a eu l'idée de remplacer les billes par des bonbons et de mettre plus de bonbons sur la rangée la plus courte. Aucun enfant, quel que soit son âge, ne se trompe : il choisit la rangée qui comporte le plus de bonbons et non la plus longue. Conclusion de Jacques Mehler : « Tout conduit à penser que le tout jeune enfant sait repérer le plus grand nombre de bonbons sans se fier aux apparences. Il suit alors son intérêt, qui est ici de manger le plus de bonbons possible. » N'y a-t-il pas confusion subtile entre la séduction exercée sur l'enfant pour le plus grand plaisir de l'adulte, et l'intérêt de l'enfant qui serait de manger le plus possible de bonbons ?

Piaget aurait-il pu imaginer que les nourrissons savaient compter ? C'est pourtant ce que Karen Wynn affirme [22] mais elle va plus loin puisqu'elle envisage, grâce à ses expériences, de détecter les potentialités en mathématiques des bébés. L'on imagine déjà l'ouverture de crèches pour nouveau-nés mathématiciens... mais dans l'intérêt de qui ?

La question de savoir si on accepterait de tester ses propres enfants est une question saine qui a pour défaut de ne pouvoir être posée qu'à quelqu'un de sain. Ce n'est malheureusement le cas ni de tous les chercheurs, ni de tous les parents.

Une autre critique que faisait Françoise Dolto aux psychocomportementalistes quantifiant les compétences du nouveau-né était d'oublier que c'était l'affectivité qui donnait un sens à l'intelligence de tous les humains. Aujourd'hui ceux-ci tentent précisément de quantifier l'affectivité : l'observation des interactions entre le bébé et sa mère est en plein essor grâce à la vidéo qui permet d'observer les mêmes scènes à de multiples reprises avec des possibilités de ralenti et d'arrêt sur image. Certains psychanalystes s'y sont lancés, croyant peut-être assurer à la psychanalyse un avenir scientifique qu'ils estimeraient compromis par « la dimension individuelle de la pratique clinique [23] ». Encore faut-il préalablement réfléchir à ce que l'on cherche : que l'on observe à l'œil nu ou à travers

22. « Les Surprenants calculs des bébés », *Le Figaro* (31 août 1992) rapporte avec célérité les travaux de Karen Wynn parus dans la revue *Nature* (27 août 1992).

23. Widlöcher D., *op. cit.*, p. 293.

l'objectif d'une caméra, l'effet de sens vient toujours de l'interprétation de ce que le regard enregistre et cette interprétation est elle-même guidée par le projet du chercheur. Les cognitivistes interprètent la forme des comportements mais ne disent rien sur le contenu mental, ni sur la valeur de ce contenu [24].

Le psychanalyste René Diatkine pose avec pertinence la question suivante : « L'observation directe des bébés n'est-elle qu'une occasion de contresens ou apporte-t-elle des informations dont la connaissance psychanalytique doit tenir compte [25] ? » Pour Hubert Montagner, la réponse est simple puisqu'il s'agit de rendre caduques toutes les théories psychanalytiques : « Il ne s'agit plus, comme dans l'approche psychanalytique, d'assimiler la relation privilégiée du nouveau-né avec sa mère à une force première et irrésistible (ou pulsion) qui pousse le nouveau-né à satisfaire sa sensualité (système de plaisir ou libido) au travers des relations qu'il établit avec le sein maternel, satisfaisant en même temps ses besoins alimentaires [26]. »

Dès que l'on aborde la neurobiologie, la question du contresens se pose avec acuité : Boris Cyrulnik, qui est passé de l'éthologie animale à l'éthologie humaine, tente avec beaucoup d'intelligence et d'ouverture de combiner ses conclusions éthologiques avec les découvertes neurobiologiques et d'articuler le tout aux pratiques de la clinique psychiatrique. En voici un exemple qui, à mon sens, pose plus de questions

---

24. Cf. Hochmann J., Jeannerod M., *Esprit où es-tu ? Psychanalyse et neurosciences,* Éd. Odile Jacob, 1991, p. 56.
25. Diatkine R., « La psychanalyse et le psychisme de l'enfant. Rencontre " en pays fertile " ou dans le désert », *in Psych. de l'enfant,* XXXIV, 1, 1991, pp. 99-122.
26. Montagner H., *op. cit.*, p. 30.

qu'il n'en résout (ce qui est plus intéressant que de prétendre clore un débat). Boris Cyrulnik a étudié l'apparition du premier sourire du nouveau-né en salle d'accouchement, d'une part en filmant la scène, d'autre part en pratiquant un électro-encéphalogramme du bébé. Il en arrive à la conclusion que ce premier « sourire » est déterminé par une sécrétion bio-électrique du cerveau, un neuropeptide [27]. La mère, pas folle, manifeste la joie que provoque chez elle ce sourire qu'elle n'attribue pas, pauvre ignorante, à une « sécrétion de neuropeptide » ! Avant de conclure sur les excellents effets de cet adultomorphisme (qui va, entre autres, modifier le rythme biologique du bébé), Boris Cyrulnik n'en remarque pas moins « qu'elle fait un contresens ». Mais qui fait un contresens ? Qui peut affirmer qu'il est plus « vrai » de dire : « Le premier sourire est déterminé par la sécrétion d'un neuropeptide » que : « Mon bébé m'a souri dès qu'il est né ? » Dire que la biologie est façonnée par la parole est une chose, mais dire que la biologie est en elle-même porteuse de sens en est une autre. Au mieux, les deux « interprétations » coexistent : tout dépend de l'observateur... et de ce que l'on observe.

Quant au domaine considéré comme le plus avancé des sciences cognitives : le langage, on est loin, mais sûrement pas pour longtemps, de vouloir vérifier expérimentalement la valeur structurante de la vérité de leur vie dite en paroles aux enfants, ce que l'observation psychanalytique nous confirme chaque jour sans que nous sachions comment. Malgré les découvertes rapides et stupéfiantes en neurobiologie, cette disci-

---

27. Cyrulnik B., *La Naissance du sens,* Hachette, 1991, p. 83.

pline ne nous permet pas de répondre à la question : comment les êtres humains n'ayant pas encore acquis le langage peuvent-ils le comprendre ? On ne sait d'ailleurs pas plus, chez les adultes, comment certaines paroles peuvent déclencher malaise, infarctus, accident même si l'on commence à savoir repérer comment la parole modifie la biologie d'un être humain, ce qui n'est pas la même chose. Certaines mères croient bien faire en se forçant à parler à leur bébé, à qui elles disent tout et n'importe quoi. Le bavardage est un moyen de ne prendre aucun risque de dire quelque chose avec son corps et les enfants, pas plus que les adultes, ne s'y trompent.

C'est dire l'importance que j'accorde à ces comptes rendus des séances de psychanalyse avec les nourrissons en faisant nécessairement intervenir la personne du psychanalyste, mise en récit d'une histoire ou même d'un fragment d'histoire qui ne se produit qu'une seule fois et ne se reproduira jamais plus à l'identique. La rédaction des observations pose une question fondamentale que tous les scientifiques sont amenés à se poser et qui me paraît loin d'être résolue : comment pratiquer des observations où l'on puisse cesser de faire dire ce que l'on veut à ce que l'on observe ? Seules les sciences vraiment expérimentales (comme la physique) ont résolu le problème, par l'expérimentation justement. Mais nous devons nous poser la question de l'invention de pratiques nouvelles parce que nous sommes totalement impliqués dans des processus s'adressant à des êtres humains, eux-mêmes sensibles aux questions que nous posons et que nous leur posons : le sens est produit par l'acte d'interprétation. Selon sa formation et sa structure, l'interprétation sera différente d'un psychanalyste à l'autre. De plus, l'interprétation analytique est censée avoir un effet sur celui à qui elle s'adresse alors que l'interprétation d'une observation concernant la matière ne la modifie pas.

L'enregistrement filmé des séances de psychanalyse serait-il une solution, au moins pour la transmission du savoir ? Winnicott ne le pensait pas : « Ni la bande magnétique, ni la vidéocassette ne constituent une solution satisfaisante. Quand je me propose de rapporter un cas, je prends des notes sur tout ce qui se passe au cours de l'entretien, sans oublier ce que je dis ou ce que je fais. Je suis récompensé de cette tâche ingrate par la reconstruction presque totale de l'entretien à partir de mes notes, souvent illisibles après deux ou trois jours. Je suis heureux de fournir cet effort qui me permet d'obtenir un compte rendu *in extenso* car, on le sait, une grande partie de l'entretien et nombre de détails importants se dissiperaient autrement " comme un rêve qui se meurt quand le jour se lève " [28]. »

Pour le moment, il me semble qu'en intégrant les développements des sciences cognitives et de la neurobiologie, des théories du darwinisme neuronal et celles de la complexité et de l'auto-organisation, nos observations doivent rester des observations psychanalytiques dans toute leur singularité et ne pas se transformer en pseudo-expérimentations. Ce n'est pas parce que nous nous représentons aujourd'hui l'inconscient comme enraciné dans le biologique (après avoir conçu

---

28. Winnicott D.W., *La Consultation thérapeutique et l'enfant*, Gallimard, Coll. « Connaissance de l'inconscient », 1971, p. 5.

le psychisme comme une machine puis comme un ordinateur), que la biologie nous fournira le fin mot de l'histoire. Mais il faut aussi se garder de réduire le biologique au psychique.

Il est inutile de vouloir, à tout prix, appliquer une grille scientifique qui n'est manifestement pas adaptée, pas plus qu'elle n'apporte de lumière sur la création artistique, l'expérience esthétique ou le jugement moral. Nous ne devons pas, pour autant, nous débarrasser du « génie propre de la méthode scientifique qui est capable de se critiquer elle-même et de situer ses propres limites [29] » ni refuser que ces observations soient examinées par d'autres, la psychanalyse ne pouvant avoir la prétention d'épuiser la question du sens surtout si l'on admet avec Henri Atlan que « le type de vérité construit sur le modèle des vérités logiques et scientifiques n'est pas le seul que l'on puisse rencontrer ».

---

29. Atlan H., *Tout, non, peut-être,* Éd. du Seuil, coll. « La librairie du XXe siècle », 1991, p. 101.

Chapitre 2

Papa a tué maman

> *« Tout le monde n'a pas la chance d'être orphelin. »*
>
> Jules Renard

La psychologie des assassins fascine. Le crime passionnel est une source d'inspiration inépuisable pour les créateurs ; il est sanctionné, en France, avec une relative indulgence. Les meurtriers font l'objet de nombreuses études dont la grande presse se fait l'écho pour le plus grand plaisir de ses lecteurs. La télévision leur donne la parole et les taux d'écoute sont à la mesure de la curiosité qu'ils suscitent dans le confort de les savoir en prison. La délinquance juvénile effraie les adultes, qui en sont les victimes potentielles et ne peuvent ignorer la dimension sociale de ces conduites. Parmi les meurtriers et délinquants, les femmes sont notoirement sous-représentées (un heureux effet d'une société à dominante masculine ?) ; mais les conditions de vie des enfants, nés en prison, après l'incarcération de la mère, donc après le délit, ont également fait l'objet d'études et d'aménagements destinés à préserver le lien mère-enfant. Quant aux auteurs de sévices et de crimes dont les enfants sont les victimes, ils provoquent des réactions d'une violence inouïe, y compris au sein de la population carcérale. On n'en parle plus qu'à la rubrique des faits divers et ils ravivent systématiquement les ardeurs des partisans de la peine de mort. Le rejet et le dégoût qu'inspirent ces criminels sont probablement en rapport avec le refoulement nécessaire, bien qu'apparemment fragile, que chacun d'entre nous opère sur ses propres velléités sadiques à l'égard des enfants : qui ne se souvient comme si c'était hier d'une humiliation subie dans l'enfance ? Qui n'a jamais exercé un abus de pouvoir sur un enfant ? Comment comprendre la nécessité de créer une Convention internationale des droits de l'enfant si ce n'est parce que ces droits sont plus que jamais bafoués dans un monde qui se prétend de plus en plus civilisé ?

On s'est, à ma connaissance, rarement penché sur les troubles des enfants du (ou de la) meurtrier(ère), déjà nés au moment du drame. Les psychanalystes n'ont pas souvent l'occasion de les rencontrer, soit qu'ils restent dans des familles soucieuses de garder le secret, soit qu'ils soient pris en charge par la collectivité, qui préfère que l'enfant oublie ou fasse semblant d'oublier. Certains analystes ont cependant traité des adultes dont un ascendant avait commis un crime individuel ou participé à des crimes collectifs (pendant la dernière guerre, notamment).

Les très jeunes enfants de parents meurtriers que j'ai reçus, vivaient soit à la pouponnière d'Antony, soit en famille d'accueil. Les manifestations de leur souffrance, surtout lorsque la violence s'en mêle, inquiètent particulièrement les personnes qui ont la lourde tâche de les accueillir et de les élever.

Que le non-dit soit toujours plus déstructurant que les faits est entré, non sans difficulté, dans la conscience collective lorsqu'il s'agit d'une adoption. Ce n'est pas le cas lorsque les parents ont commis un délit, quelle qu'en soit la gravité. Or, ces enfants devront se construire avec cette expérience douloureuse associant le deuil de la personne assassinée (dans la plupart des cas la mère, un frère ou une sœur) et la séparation d'avec l'autre parent qui est aussi l'assassin. Quand l'un des parents tue l'autre, l'enfant est fils (ou fille) du meurtrier et de sa victime... Faut-il là aussi dire les faits et comment ? N'est-ce pas plus nocif que de les taire si l'on veut permettre à l'enfant de trouver sa solution, lui-même, dans la loi ?

L'expérience montre que lorsqu'on n'a rien dit, sous prétexte d'éviter une identification perverse ou un « traumatisme », ce silence est non seulement inefficace dans la réalité mais pathogène pour les individus sur plusieurs générations. En voici un bref exemple mais on pourrait les multiplier à l'infini : Mme N., dix-neuf ans, est la mère d'un petit garçon placé à la pouponnière par le juge des enfants, pour mauvais traitements. Elle-même a été élevée, depuis son plus jeune âge, dans une famille d'accueil dont elle garde un excellent souvenir. On ne lui a jamais dit qui étaient ses parents, ni pourquoi elle était placée. Elle s'est mise en ménage vers dix-huit ans avec un homme qui a commencé à la battre dès le début de sa grossesse. Quand elle a accouché, il ne lui a pas été facile de s'occuper de son fils. C'est à cette époque qu'elle a recherché et retrouvé ses parents : son père avait tué un de ses frères, quand elle avait deux ans.

Son compagnon continuait à la battre et à maltraiter l'enfant ; au cours d'une scène, elle a aussi battu son fils ce qui a entraîné le placement de l'enfant et l'arrestation de la mère. Devant le juge, elle s'est accusée de tous les mauvais traitements, voulant, m'a-t-elle dit plus tard, « protéger son ami ». Elle ne voit aucun lien entre son passé et ses difficultés présentes. Ceux qui ont voulu la « protéger », en lui laissant ignorer son histoire, n'ont fait que l'obliger, à son insu et probablement aussi à leur insu, à mettre cette histoire en actes plutôt qu'en paroles. Son fils, âgé de deux mois au moment du placement et de six lors de la première consultation, se présente avec un retard de développement psychomoteur qui va aller en s'accentuant et des difficultés relationnelles déjà très inquiétantes.

Si l'on accepte de dire les faits, ils n'en restent pas moins souvent odieux et difficiles à formuler, avec tact. Sous couvert de « protéger » l'enfant, même lorsque l'on est convaincu que cela ne sert à rien, la tendance générale reste soit de ne rien dire (ils sont trop jeunes pour comprendre) soit de trafiquer ou de minimiser les faits (Papa est en voyage, Maman va revenir, il ou elle ne l'a pas fait exprès) pour que l'enfant ne sache pas que ses parents ont transgressé la loi avec l'idée sous-jacente que s'il le sait, il en sera contaminé (il aura honte, il se sentira coupable, etc.) voire il en fera autant (tel père, tel fils). Pourquoi, nous adultes, avons-nous tant de difficultés à parler aux enfants des délits commis par leurs parents ? Faut-il croire qu'un enfant ne peut se structurer jusqu'à assumer son désir en respectant la loi qu'en ayant pour modèle des parents qui en auraient fait autant ? N'est-ce pas l'exagération d'une certaine conduite éducative qui consiste à tenter de nous montrer toujours sous notre meilleur jour plutôt que de parler et d'assumer nos faiblesses ? Pourquoi avoir si peur du jugement critique des enfants, alors qu'ils ne deviendront jamais eux-mêmes s'ils n'ont pas critiqué leurs parents, soumis aux mêmes lois qu'eux ? À un moment ou à un autre, tout enfant doit dégager sa propre vie en fonction de ses désirs et de ses capacités et non se contenter ou s'épuiser à reproduire celle de ses parents, même s'ils sont admirables.

Nous sommes toujours surpris d'apprendre que des adolescents délinquants sont des enfants « de bonne famille » alors que nous acceptons facilement que quelqu'un « de bien » (mais parfois seulement de connu) ait un passé ravageur. Nous disons alors simplement : « Il (ou elle) s'en est bien sorti. » Nous concevons donc intuitivement pour les autres que l'on peut s'être identifié à un moment ou à un autre à ses parents sans pour autant les imiter et pourtant nous aspirons toujours à être des modèles pour nos enfants et nous redoutons leurs critiques.

L'émotion suscitée par les récits qui vont suivre, ressentie par toutes les personnes en relation avec ces enfants et par les psychanalystes qui ont assisté aux consultations, est probablement liée au réveil d'angoisses archaïques, bien décrites dans la mythologie : la personne en qui nous avons toute confiance pourrait se transformer en ennemi implacable et mortel. À moins que ces parents ne nous renvoient à nos pulsions les plus puissamment refoulées de dévoration ou de meurtre d'enfant. En commençant à connaître l'histoire du meurtrier, nous redoutons de découvrir qu'il ne s'agit pas d'un monstre ; et s'il ne s'agit pas d'un monstre, ce pourrait être vous et moi.

Nous avons aussi facilement tendance à confondre le progrès économique avec le degré de civilisation. Dans nos sociétés, les enfants sont moins nombreux, nous prétendons qu'ils sont plus précieux. Et lorsque nous voyons en chair et en os ces enfants dont la vie familiale est un enfer et que la société doit prendre en charge, un grand malaise nous envahit : comment est-ce possible, en France, aujourd'hui, dans tous les milieux sociaux ? À quoi servent ces merveilleux progrès médicaux, technologiques et économiques si au-delà de la survie et du confort matériel, nous ne sommes pas capables d'assurer aux enfants une vie plus humaine ?

Ces enfants m'ont souvent mise dans des situations difficiles pour rester psychanalyste, c'est-à-dire pour soutenir avec eux un projet de structuration psychique. Pourquoi m'était-il impossible, au début, de n'avoir aucun jugement sur les parents alors que cela ne m'avait jamais posé problème auparavant ? Absence de jugement ne signifie pas absence d'appréciation clinique mais si le psychanalyste « juge », cela implique presque obligatoirement qu'il se juge lui-même « meilleur » que les parents ; il sort immédiatement de sa position et devient dangereux pour l'enfant car, en aucun cas, le psychanalyste ne doit être un substitut parental *dans la réalité.*

J'étais donc légitimement inquiète à l'idée que ce jugement m'empêche d'écouter et de comprendre ce que pouvait ressentir l'enfant. Cas par cas, douloureusement parfois, j'ai appris... une évidence : l'absence de jugement vis-à-vis des parents n'est pas une fin en soi ; elle est indispensable pour écouter un enfant en tant que psychanalyste mais n'est possible et justifiable qu'associée à une prise de position vis-à-vis du social et de la loi. Cela ne m'était pas apparu avec autant de clarté lorsque les enfants venaient me voir amenés par des parents socialement irréprochables. Et pourtant, que la délinquance des parents soit sanctionnée par la société, ou que nous prenions connaissance d'une perversion des parents à l'égard de l'enfant dans le secret de nos cabinets (ce qui est bien plus fréquent), il est impossible de laisser dire et faire n'importe quoi en cours de traitement, surtout lorsque l'enfant est très jeune. En pratique, on peut avoir à refuser de poursuivre un traitement pour ne pas être complice d'une perversion d'un parent socialement au-dessus de tout soupçon, ce qui est parfois beaucoup plus difficile que de parler à un enfant d'un délit socialement réprimé commis par un parent. Lorsqu'il y a eu crime, l'aspect irréversible de l'acte n'en demeure pas moins bouleversant.

Je ne suis pas indifférente à ceux qui reprochent à la psychanalyse et surtout à la psychanalyse d'enfants d'être normative. Mais il y a, à mon sens, une différence importante entre *dire la norme en expliquant le contexte dans lequel cette norme a été produite par la société* et *imposer la norme comme un idéal.* André Green [30] pose avec lucidité la question de savoir si l'analyste d'enfants peut contribuer à autre chose

30. Green A. « L'Enfant modèle », *Nouvelle revue de psychanalyse, 1979, 19,* pp. 27-47.

qu'à former des « enfants modèles », même s'il veut agir en harmonie avec le désir du sujet. Formuler une loi ou faire respecter un interdit lors d'une cure ne doit pas être sous-tendu par un projet éducatif mais par un projet de structuration psychique. Avoir pour l'enfant un projet différant d'un projet pédagogique, sous-tendu par la théorie psychanalytique et non par une volonté adaptative, me paraît souhaitable et je crois que tous les psychanalystes en ont un, qu'ils l'admettent ou non.

Faut-il vivre ?

Mélina vient me voir à dix-huit mois, trois mois après son admission à la pouponnière dans des conditions dramatiques : elle y est arrivée à l'aube amenée par la police après la découverte de l'assassinat avec violences sexuelles par le père de sa sœur aînée, âgée de trois ans. Les parents sont en prison, le père inculpé de mauvais traitements ayant entraîné la mort et la mère de complicité et de non-assistance à personne en danger. Les éducatrices chargées d'accueillir Mélina ont éprouvé la nécessité d'en parler d'abord entre elles pour finalement lui dire que ses parents avaient été arrêtés à cause de la mort de sa sœur *qui ne voulait plus vivre et ne pouvait plus vivre.*

Jusque-là, en écoutant l'éducatrice de l'Aide sociale à l'enfance, en présence de Mélina absolument immobile, collée à sa maternante, j'étais plutôt gênée par l'embarras de cette personne qui n'en menait pas large.

L'ambiguïté de ses paroles, l'attribution de « désirs » à la sœur morte paraissant justifier la conduite des parents (elle ne voulait pas vivre, donc ils l'ont tuée !) a concrétisé mon propre malaise et j'ai jugé nécessaire d'intervenir : « Personne ne peut dire ce que voulait ta sœur qui maintenant est morte et que tu ne reverras plus. Ton père l'a tuée, je ne sais pas pourquoi ; il est en prison car tu vis dans une société où il est interdit d'abîmer le corps des enfants et de les tuer ; ta mère aussi est en prison car elle avait le devoir de protéger ta sœur et qu'elle n'a pu le faire. Les enfants ne peuvent pas rester avec leurs parents quand ils sont en prison, c'est pour ça que tu es à la pouponnière. Tes parents sont vivants, ta mère pense à toi et a demandé à te voir mais elle n'en a pas encore eu la permission. »

Pourquoi dire tout ça à une enfant de dix-huit mois ? Depuis sa naissance, Mélina était gardée par son père, chômeur. Dans la journée, elle assistait peut-être au calvaire de sa sœur mais elle-même n'était jamais maltraitée physiquement. Tous les soirs, elle retrouvait sa mère qui travaillait à l'extérieur et à qui elle était très attachée (et réciproquement). Elle ne connaissait pratiquement personne d'autre, ses parents n'ayant aucun lien social ni familial. Après une scène très violente, que la mère me racontera plus tard, au cours de laquelle Mélina a vu le corps mutilé de sa sœur et vécu l'arrestation musclée (physiquement et verbalement) de ses parents, elle a été emmenée par des étrangers dans un lieu qu'elle ne connaissait pas et n'a plus revu ni sa sœur, ni ses parents. Après une période d'environ deux mois où elle est restée assez dynamique, frappant par son indépendance, un relatif mutisme et le fait qu'elle ne supportait pas d'être touchée, elle est en train de devenir apathique, indifférente à tout. On peut dire qu'elle épuise ses possibilités de lien en dépit de soins de très bonne qualité.

À dix-huit mois, ce que font les parents, c'est « bien », le papa qui bat est un « vrai papa ». Les débuts de la vie de Mélina sont irrémédiablement liés à la violence et sa vie sociale commence par une séparation brutale. Après avoir survécu à cette rupture brutale, Mélina, abandonnée, « s'abandonne ». Faut-il qu'elle « veuille mourir » comme sa sœur pour faire revenir ses parents ? Lui dire les faits (en particulier qui est mort et qui est vivant), signifier la loi et ses conséquences sur ses parents et sur elle-même, la raccrocher en pensée et en vérité à sa mère vont lui redonner dignité, courage, et des possibilités de se faire aider et éduquer par d'autres adultes. L'autonomie qu'elle manifeste par sa pseudo-indépendance est une sorte d'autonomie de survie (ne compter que sur elle-même) qui la fait maintenant stagner car la survie n'est pas la vie.

L'explication qui avait été fournie à Mélina relève de références psychanalytiques mal comprises souvent attribuées à Françoise Dolto (parler à un enfant ne signifie pas lui dire n'importe quoi !) : il n'est pas nécessaire, même à dix-huit mois, de maintenir Mélina dans l'idée que son père et sa mère sont des modèles, ceux qui savent, qui ont raison d'agir selon leur bon plaisir et qu'elle doit imiter. On peut aller plus loin : laisser croire, même par sous-entendu, que l'inceste et le meurtre sont des désirs permis aux adultes, est une attitude perverse et traumatisante. Maintenir l'enfant dans l'ignorance des épreuves de ses parents l'est également [31]. Mais il est indispensable de dire à Mélina qu'elle est un être valable issu de géniteurs valables *du fait de l'avoir engendrée* quoi qu'ils aient pu faire par la suite. La punition que la société leur inflige sanctionne un délit irréparable dans ce cas puisqu'il a entraîné la mort d'un être humain. Parler du délit ne remet pas en cause l'origine de la vie de Mélina, à laquelle tout être humain a besoin d'être relié. Encore faut-il dire qu'il s'agit d'un délit si l'on ne veut pas le justifier, c'est-à-dire s'en rendre complice.

Pendant trois mois, Mélina a pleuré et hurlé pendant toute la durée de toutes les séances, soit dans les bras de sa maternante, soit par terre... Ces séances étaient particulièrement éprouvantes : Mélina sortait épuisée et moi aussi. Parallèlement, à la pouponnière, les maternantes disaient qu'elle paraissait aller beaucoup mieux, commençait à parler, à dire maman, à jouer avec les autres enfants et à faire beaucoup de bêtises. Elle recevait des nouvelles de son père (une carte) mais surtout de sa mère ainsi que des habits et des jouets confectionnés en prison. Selon les informations apportées par la maternante et le comportement de Mélina au cours de la séance, il m'a semblé pouvoir mettre en mots la douleur de cette petite fille qui recherchait maintenant activement auprès de sa maternante à être consolée et arrivait à repartir à peu près reconstituée.

À vingt mois, Mélina a rendu visite à sa mère en prison, pour la première fois depuis leur séparation, six mois plus tôt. Elle s'est dirigée vers la porte dès

31. Dolto F., *Le Cas Dominique,* Éd. du Seuil, 1971, p. 220.

qu'elle a aperçu sa mère puis a accepté de s'asseoir sur les genoux de sa maternante. Elle n'a pu faire aucun mouvement vers sa mère mais l'a regardée fixement. Avec beaucoup de finesse, de sensibilité et aussi d'émotion, la mère a commencé à lui parler d'abord en français puis dans sa langue maternelle et à déballer des cadeaux sans essayer de la prendre dans ses bras, ni même de la toucher. À la fin de la visite, Mélina s'est laissée passivement embrasser sans descendre des genoux de la maternante et a dit au revoir. Pendant la séance où on me raconte cette visite, Mélina hurle, couchée sur le dos par terre gardant toutefois la main de la maternante (qui l'a accompagnée en prison) dans la sienne. Je lui dis que je pense qu'elle doit beaucoup aimer sa mère pour lui reprocher si fort de l'avoir abandonnée à la pouponnière. Sa mère n'a pas voulu cette séparation : elle la subit comme elle, mais maintenant elles pourront se revoir. Comme Mélina a la position d'un petit bébé dans son berceau, je lui dis que quand elle avait l'âge d'être couchée comme je la vois maintenant, sa mère s'occupait d'elle, elle n'en était pas séparée comme maintenant, sa sœur n'était pas morte et son papa n'était pas en prison. Elle s'arrête immédiatement de pleurer, se met debout et sort.

La rencontre suivante prévue un mois plus tard n'aura pas lieu à la prison car la mère a été remise en liberté provisoire en attendant le procès. C'est donc elle qui rendra maintenant visite à sa fille trois fois par semaine, manifestant d'emblée le souhait de pouvoir sortir se promener à l'extérieur, mais pour le moment, elle n'en a pas l'autorisation : Mélina peut sortir de la pouponnière avec d'autres enfants mais y est « emprisonnée » lorsque sa mère est là.

Un mois plus tard, la mère accompagne sa fille à la consultation et viendra désormais à presque toutes les séances. Cette jeune femme, d'une grande beauté, racontera dans un déluge de larmes, devant sa fille qui ne veut toujours pas l'approcher, tout ce qu'elle a vécu : son enfance, son mariage arrangé, la venue en France, l'isolement, la terreur physique que lui inspirait son mari, l'impossible deuil de sa fille aînée, les violences policières lors de l'arrestation, la prison, l'espoir de vivre maintenant avec Mélina, oubliant quelque peu qu'elle aussi est inculpée et sera jugée aux Assises... Vis-à-vis de Mélina, elle est très séductrice, la couvrant de cadeaux et de mots d'amour, mais respecte absolument ses réticences malgré la douleur qu'elle en éprouve : elle ne veut pas lui faire du mal et ne supporte pas de la voir pleurer. À la fin de cet entretien, Mélina donnera à sa mère un morceau de pâte à modeler après que je lui aurai dit : « Ta maman se rend compte qu'elle a besoin de regagner ta confiance car elle n'a pas su protéger ta sœur ni empêcher que vous soyez séparées. »

En quelques mois, mère et fille qui venaient chacune de leur côté pour leur séance commune, aménageront une relation plus affectueuse, toujours empreinte d'une certaine méfiance et assez tyrannique du côté de Mélina, qui comprendra très vite que sa mère ne peut rien lui refuser sur le plan matériel tant son sentiment de culpabilité est fort.

Retrouvant une relation différente mais stable avec sa mère, Mélina se retirera peu à peu des séances en sortant attendre sa mère dans la salle d'attente de plus en plus tôt. Le jour où elle a refusé d'entrer dans mon bureau, j'ai reçu la mère seule ; puis j'ai demandé à Mélina si elle pensait avoir encore besoin de venir me parler ? Peut-être sa maman devrait-elle continuer de venir puisqu'elle avait l'air de tant souffrir, comme elle au début de notre rencontre ? Elle a fait « oui » de la tête et la mère, stupéfaite, a pu continuer seule sa cure... sur l'injonction de sa fille jusqu'au procès : le père a été condamné à la réclusion à perpétuité avec déchéance de ses droits parentaux ; la mère, contre qui l'inculpation de complicité n'a pas été retenue, a été condamnée à la peine maximum pour le délit de non-assistance à personne en danger : cinq ans de prison ferme et déchéance de ses droits parentaux.

Un papa parmi tant d'autres

Alexis est arrivé à la pouponnière à six mois, vers midi. À neuf heures du matin, sa mère a étranglé sa grande sœur (trois ans) au cours d'un accès délirant : sa fille n'était plus sa fille, il y avait eu échange d'enfant. Le père était absent au moment du drame. Ne se sentant pas capable de s'occuper seul de son fils, il a demandé le placement tandis que la mère était incarcérée puis internée en hôpital psychiatrique.

Dès l'arrivée, on a raconté à Alexis ce qui s'était passé dans sa famille et pourquoi il était là. Pendant ce récit, il s'est laissé glisser presque par terre et s'est rejeté en arrière plusieurs fois. Les jours suivants, il ne gardait que le biberon du matin et se mettait à vomir à partir de midi (heure de son arrivée à la pouponnière). Chez lui, il buvait bien ; sa mère lui donnait le biberon dans son baby-relax, sans contact physique. Au fil des jours, les maternantes se sont rendu compte qu'Alexis avait de grosses difficultés relationnelles, très certainement antérieures au placement, et la décision est prise de me l'adresser, à l'âge de neuf mois. Le père a donné son accord et accepté de venir également.

Il se présente par cette formule : « Je suis un papa parmi tant d'autres », puis raconte qu'il s'était aperçu que sa compagne ne tournait pas rond car elle lui disait sans arrêt : « T'as changé Noémi. Elle a plus les mêmes yeux » et ajoutait : « Je crois que je vais faire une bêtise. » Inquiet, il l'a accompagnée à la visite médicale obligatoire du sixième mois d'Alexis pour en parler au médecin. Celui-ci l'a rassuré sans paraître constater que la mère délirait. Onze jours plus tard, la petite fille est morte.

Lors de notre entretien, le père sortait lui-même de l'hôpital car il venait de faire une tentative de suicide. Quels sont maintenant ses projets ? « Soit refaire ma vie avec une femme qui saura me comprendre et prendre mon enfant, soit me tuer. Je veux bien me suicider mais pas suicider les autres. » Et il ajoute : « Maintenant que je vous ai vue, je sais que même si je viens à mourir, Alexis sera bien entretenu. » À son fils : « Tu ne seras pas abandonné, il y aura quelqu'un pour ton éducation même si je viens à mourir. Vous êtes là pour ça ! » Je reste quelques secondes interloquée et m'entends dire à Alexis : « Ton père n'a plus envie de vivre depuis que ta sœur est morte et que ta mère est à l'hôpital. Il croit que tu n'as plus besoin de lui parce qu'on s'occupe de toi à la pouponnière et que tu viens me voir. » Et au père : « Je ne suis pas responsable d'Alexis et en aucun cas je n'assurerai son éducation même si vous mouriez demain. D'autres personnes pourraient le faire mais personne ne peut vous remplacer, comme père. Pour Alexis, vous n'êtes pas un papa parmi tant d'autres, vous êtes son père. Vous avez bien eu un père, je ne sais pas s'il vous a éduqué, mais, en tout cas, vous n'en avez eu qu'un ! » Monsieur B. a accepté que je revoie son fils, et a convenu que même s'il ne pouvait prendre son fils en charge actuellement, cela ne signifiait pas qu'il pouvait être remplacé. Par ailleurs, Monsieur B. a quelques problèmes avec la justice. Il est sorti en s'exclamant : « J'ai bien le droit de me mettre un peu en colère contre la société ! » Certes...

Mon impression immédiate après la consultation a été que jamais drame n'avait été mieux annoncé. Monsieur B., malgré ses tentatives, n'avait pu l'éviter. Les services médicaux et sociaux non plus. Pouvais-je laisser dire à Monsieur B., même s'il le ressent comme tel, qu'il est un papa parmi tant d'autres ? Dans les faits, il a reconnu son fils, lui a donné son nom mais n'a pas l'autorité parentale car il n'est pas marié avec la mère. Mais ce n'est pas l'autorité parentale qui lui manque, c'est de se reconnaître comme père capable d'assumer ses devoirs envers ses enfants, en particulier leur protection physique. S'il a pu laisser la mère « suicider » la fille, il préfère laisser à d'autres qu'il estime plus qualifiés le soin d'élever son fils, ne lui laissant qu'un nom. Ne sachant rien ou presque de son passé, j'ai quand même tenté de le renvoyer à son propre père pour lui en faire saisir la fonction symbolique au-delà de la fonction génitrice et éducative. Son nom ne peut pas être un nom parmi tant d'autres : il désigne un sujet et non un objet.

Depuis, Monsieur B. est en traitement pour lui-même, ne parle plus de se suicider et vient aussi régulièrement que possible voir son fils.

À neuf mois, Alexis est un beau bébé au regard étrange et inquiétant. Or c'est en regardant les yeux de sa fille que la mère a cru à une substitution d'enfant. Comme il est complètement raide dans les bras de sa maternante, celle-ci n'arrive pas à le porter confortablement : elle est obligée de se raidir aussi et change constamment de position. En le voyant dans une position si inconfortable, je dis à Alexis que probablement, lorsqu'il était chez lui, il devait *porter* sa mère. Ici, il n'a pas besoin de porter sa maternante, c'est *elle* qui le porte. Pendant que je lui parle, il va se détendre d'un coup et se laisser effectivement porter. Je crois que Françoise Dolto avait eu cette idée en observant mères et enfants à la Maison verte : une femme fatiguée portant un enfant, se fatigue encore plus ; lorsque l'enfant veut s'endormir dans ses bras, il perçoit cette tension de fatigue et veut « porter » sa mère. Cela explique certaines séances d'endormissement que l'on nous raconte parfois : mère et enfant s'épuisent à se porter l'un l'autre, en déambulant dans l'appartement jusqu'à ce que le plus fatigué (qui n'est pas toujours l'enfant !) s'écroule.

Pour Alexis, j'ajoute que son père est d'accord pour qu'il soit à la pouponnière pendant que sa maman est à l'hôpital pour se soigner. Son père veut également bien qu'il vienne me voir et sait que personne ne peut ni ne veut le remplacer.

À la séance suivante, Alexis alterne assez rapidement deux séquences de comportement : d'une part, il a le regard absent et balance sa tête de droite à gauche sur l'épaule de sa maternante (il n'a plus de cheveux sur cette zone de frottement) ; d'autre part, il se tient bien assis, me regarde et joue avec un feutre en poussant de petits cris lorsque le feutre tombe par terre. Il ne le cherche pas du regard : étant tombé, il a disparu. La maternante me rapporte qu'à la pouponnière, il se sent bien surtout dans son lit, se frotte beaucoup la tête et pleure longtemps certains jours. Son père est venu en visite, s'est occupé de lui et a paru moins déprimé. Je dis à Alexis que le feutre qu'il a laissé tomber est toujours là, par terre, même s'il ne le voit pas. Sa mère, qu'il ne voit pas, est à l'hôpital ; il la reverra certainement ; sa sœur, elle, est morte ; il ne la reverra plus jamais. Il m'écoute très attentivement avec un regard très fixe et dès que je m'arrête de parler, il recommence à balancer sa tête.

Alexis qui, jusqu'à neuf mois, n'avait pratiquement pas bougé (mais beaucoup pleuré) va rapidement acquérir son autonomie motrice tandis que les périodes de balancements seront de moins en moins fréquentes. Pour son anniversaire d'un an, sa mère lui a envoyé une lettre qui lui a été lue où elle manifeste son vif désir de le revoir. Son père continue de venir tous les dimanches et envisage de demander un placement dans une famille d'accueil proche de son domicile.

À quinze mois, je suis frappée par le fait que le regard d'Alexis n'a plus rien d'extraordinaire. Ses yeux qui paraissaient immenses et son regard si particulier ne se remarquent plus.

N'ayant jamais parlé avec la mère et sans renseignement sur elle, il est assez difficile d'imaginer ce qu'était la vie d'Alexis. Sachant seulement qu'elle était dépressive et délirait sans qu'Alexis soit l'objet de son délire, on peut penser que les besoins des enfants étaient satisfaits avec un minimum de présence physique et quelques bizarreries. Les changements qui sont intervenus dans sa vie à la suite de la mort de sa sœur l'ont, lui aussi, littéralement changé. L'informer en temps voulu de l'origine des ruptures, nommer et expliquer la maladie de sa mère ne l'a certainement pas empêché d'en souffrir mais lui a probablement facilité une confiance dans ses propres perceptions et un accès à l'autonomie dont il aura grand besoin.

Comment se construire ?

L'histoire de Louis (cinq ans) et de son jeune frère Charles (quatre ans) m'est rapportée hors de la présence des enfants par deux éducatrices de l'Aide sociale à l'enfance. La plus âgée parle de l'histoire de cette famille avec beaucoup d'émotion car elle se sent personnellement impliquée dans le déroulement inexorable d'événements qui ont eu lieu trois ans auparavant. C'est pour cette raison qu'elle a demandé à être reçue avec sa collègue, avant les enfants.

La mère de ces garçons, battue par leur père, a fait plusieurs démarches chez le juge. Celles-ci n'ont pas eu de suites judiciaires. Un beau jour, elle quitte en catastrophe le domicile conjugal avec ses deux enfants, son mari ayant brutalisé l'aîné, une fois de trop. Sa propre mère et son frère n'ont pas voulu l'héberger et après quelques jours d'errance, les enfants sont placés à la pouponnière avec une précipitation telle que le juge en oublie de signer l'ordonnance de placement provisoire. À l'entrée, Louis (deux ans et demi) et Charles (dix-huit mois) sont très secoués : après avoir erré sans abri quelques jours avec leur mère, ils en sont maintenant séparés brutalement pour la première fois de leur vie, seule solution que l'on a trouvée pour que cette femme puisse protéger ses enfants de leur père...

La mère, ayant toujours très peur de son mari, dont elle continuait de recevoir des menaces de mort, refuse de lui dire où se trouvent les enfants, qu'elle vient voir le plus souvent possible, tout en cherchant un domicile et un travail. Alors qu'elle ne maîtrise pas bien la langue française et encore moins la lecture et l'écriture, elle a porté plainte et trouvé un avocat pour engager une procédure de divorce.

Le juge des enfants étant parti en vacances, sa remplaçante n'a pas voulu prendre la responsabilité de réparer l'oubli de sa collègue en signant l'ordonnance de placement provisoire. Du coup, personne n'a osé dire au père où se trouvaient ses enfants qui n'étaient pas protégés légalement et qu'il aurait pu emmener avec lui s'il l'avait voulu.

Un mois plus tard, le père croise la mère dans la rue, se jette sur elle, l'assassine à coups de couteau puis se laisse arrêter sans résistance. Les enfants sont informés le soir même de la mort de leur mère et de l'arrestation de leur père.

Dès son arrivée en prison, le père commence une grève de la faim pour voir ses enfants. Une assistante sociale le convainc d'arrêter sa grève et la première visite des enfants a lieu quatre mois après l'assassinat de la mère, au tribunal. Le père ne voulait pas dire à ses fils qu'il avait tué leur mère et qu'il était en prison alors même que ceux-ci en avaient été longuement informés au moment des faits et qu'ils revoyaient leur père en présence de policiers...

La famille maternelle, qui n'avait pas voulu héberger la mère et les enfants, a alors manifesté le souhait d'accueillir les enfants (par culpabilité ? vengeance ?) mais lorsqu'elle a été reçue par le juge des enfants, elle s'est rétractée. Le juge a accordé un droit de visite mensuel au père et à la famille de la mère (qui n'est jamais venue). Le père, lui, pensait confier ses enfants à son frère mais celui-ci n'a pas eu le droit de quitter son pays, sous le coup d'une inculpation judiciaire pour meurtre, une affaire de famille, en quelque sorte.

Louis (deux ans et demi) que les maternantes trouvaient particulièrement calme lors de son arrivée, s'est mis à menacer sa maternante avec un couteau dès qu'il a su que sa mère était morte.

Après un séjour de dix-huit mois à la pouponnière, Louis et Charles ont été placés dans une famille d'accueil avec l'accord du père. Lors de la première consultation, ils s'y trouvent depuis un an et sont âgés respectivement de cinq et quatre ans. La nourrice et son mari ont rencontré le père et plutôt pris son parti, disant aux enfants qu'il ne l'avait pas fait exprès. Le père a été jugé aux Assises et condamné à dix ans de prison, sans déchéance de ses droits paternels.

À l'Aide sociale à l'enfance, toutes les personnes qui gèrent les intérêts de ces enfants sont des femmes (y compris le juge pour enfants) que le père menace et terrorise et pas seulement lors des visites en prison. La délégation d'autorité parentale reposant sur elles pendant la durée de l'incarcération, elles se demandent ce qui va arriver lorsque le père sera remis en liberté ; elles en arrivent à craindre pour leur vie et celles de leurs proches, l'échéance ne leur paraissant pas si lointaine. L'atmosphère est loin d'être sereine, les éducatrices vont longuement discuter devant moi sur le fait de savoir si oui ou non le père aurait dû être déchu de ses droits paternels.

Le droit de visite mensuel accordé au père est, en principe, respecté : les enfants se rendent en prison, accompagnés par une éducatrice ; mais il suffit que le juge ou l'éducatrice soient absents pour que la visite soit remise. En famille d'accueil, Louis a, extérieurement, bien évolué : il a rapidement acquis un bon langage : il s'exprime peu mais écoute beaucoup ; il se développe bien physiquement, il n'est pas malade, il va en classe où il s'intègre plus ou moins facilement car il a peur de regarder les adultes et les autres enfants et a du mal à se situer dans l'espace et dans le temps. Physiquement, on me dit qu'il ressemble à sa mère alors que son frère ressemble au père et souvenons-nous que son père le maltraitait, ceci expliquant peut-être cela.

Lors du premier entretien, ce sont les adultes qui me paraissent avoir le plus besoin de venir parler ! Là encore, le drame était annoncé : la police, la justice et les services sociaux n'ont pu l'éviter. Actuellement, les personnes restant au contact des enfants portent quotidiennement leur poids de culpabilité tant en fonction du passé que de l'avenir.

Nous convenons que chaque enfant pourrait prendre contact avec un thérapeute différent ; Louis m'est adressé à l'âge de cinq ans (deux ans et demi après la mort de sa mère).

L'éducatrice revient avec Louis et raconte devant lui ce qu'elle m'avait dit précédemment avec un vocabulaire que je trouve un peu primaire mais exact, destiné, sous couvert de se mettre au niveau supposé de l'enfant, à adoucir les faits et à masquer son sentiment de culpabilité : elle pense sincèrement que le meurtre aurait pu être évité si de meilleures décisions avaient été prises concernant la protection des enfants et l'information du père. Elle précisera que la mère est enterrée dans son pays natal, que sa photo a été déchirée lorsque le cadre s'est cassé puis détruite ; elle n'a pu être remplacée car la famille maternelle ne veut pas prêter l'album de famille. Par ailleurs, le père, informé, est d'accord pour que ses fils viennent au centre.

Pendant que l'éducatrice parle, Louis a planté le couteau à beurre à plusieurs reprises dans la pâte à modeler, elle-même collée sur le toit d'une ambulance miniature. J'ai l'impression qu'il met en scène le meurtre en y occupant la place du meurtrier mais ne dis rien.

Louis accepte de rester avec moi, sans son accompagnatrice. Je lui explique la règle du secret professionnel et la possibilité qu'il a de venir me parler s'il a des soucis. Il fait un bonhomme en pâte à modeler qui n'a pas de nom et ne tient pas debout. Il accepte avec gravité de revenir. Je suis obligée d'interrompre cet entretien qui a déjà duré plus d'une heure.

La séance suivante sera brève. Première surprise : il m'apporte un petit caillou alors que je n'ai pas le souvenir d'avoir parlé de paiement symbolique ! N'imaginant pas comment il aurait pu y penser sans que je lui en parle, je le dépose simplement dans mon tiroir. J'apprendrai plus tard que l'analyste de son frère en avait parlé au plus jeune et que les deux frères s'en étaient probablement entretenus... Louis n'a jamais manqué d'apporter son paiement symbolique, sans que nous en ayons explicitement parlé.

À l'exemple de Françoise Dolto, je demande souvent aux enfants, au moment opportun (qui n'est pas toujours la première séance), d'apporter un petit caillou, une pièce de cinq centimes ou un timbre usagé en guise de « paiement symbolique », indiquant que l'enfant veut sa séance pour lui, au-delà du désir de ses parents ou de leurs représentants qui payent, eux, en argent. Beaucoup d'analystes s'y sont essayés et ont renoncé en disant qu'ils n'en voyaient pas l'utilité. Je trouve personnellement le maniement du paiement symbolique extrêmement difficile. On ne peut le considérer comme un simple « truc » permettant à l'analyste de savoir si l'enfant s'engage vraiment dans la cure, séance après séance. Pour l'enfant à qui on l'a demandé, surtout lorsqu'il s'agit d'enfants assistés, il devient extrêmement important car il le représente comme sujet se prenant en charge. On ne peut annuler la séance d'un enfant qui a « oublié » son caillou mais tenter de comprendre avec lui le sens de cet oubli. Le premier manquement volontaire est toujours très important, la séance n'a pas lieu et l'enfant est félicité : s'il exprime clairement qu'il ne veut pas sa séance, il doit être respecté (et non puni !) car c'est la base de sa relation à son désir qui est en jeu. On risque d'être très mal compris par l'accompagnatrice qui voit l'enfant ressortir au bout de cinq minutes et va, elle, régler la séance. Parfois l'enfant ne sait même pas qu'il pourrait vouloir quelque chose pour lui-même ; le travail peut consister à ce qu'il puisse simplement réaliser qu'il existe pour autre chose que pour satisfaire le désir de ses parents ; parfois il veut venir, tout en ne voulant pas. Le maniement du paiement symbolique exige une grande rigueur pour comprendre et interpréter l'utilisation qu'en fait l'enfant mais sans pour cela le laisser agir selon son désir (apporter un cadeau au lieu d'un caillou, en apporter plusieurs à la fois ou se mettre en dette, etc.), en s'en tenant strictement au paiement convenu. Il n'en reste pas moins extrêmement utile et instructif car c'est souvent autour du paiement symbolique que l'on articule l'éthique de la psychanalyse et la technique psychanalytique : par exemple, lorsqu'un enfant est en train de devenir autonome par rapport à ses parents, il peut chercher à mettre l'analyste en position de substitut d'un des parents : l'analyste doit à la fois éviter de *faire* ce que l'enfant demande (pour ne pas « être » ce parent qu'en aucun cas il ne remplace) et demander le paiement qui permet à l'enfant de ne pas s'inféoder à l'analyste. Autre exemple : l'enfant a un transfert très négatif ; il vient pour dire « Je veux te tuer » ou « Ça ne m'intéresse pas de venir ». S'il le dit, c'est par nécessité ; il peut se le permettre puisqu'il paye pour être écouté dans le cadre de sa séance.

Après avoir apporté son caillou, Louis aplatit quelques morceaux de pâte à modeler au fond d'une tasse. La première chose qu'il me demande est *d'écrire son prénom*, ce qui l'intéresse beaucoup (lors de la précédente séance, son bonhomme en pâte à modeler n'avait pas de nom). Or, ce sont les parents qui donnent un prénom à l'enfant lorsqu'il vient au monde : le nom ne désigne pas un corps mais l'existence d'un sujet. En me demandant d'écrire le prénom que lui ont donné ses parents, Louis paraît m'indiquer clairement qu'il est un sujet... en début d'analyse : le corps sans nom de la première séance est maintenant soumis à la parole. Il dit : « Je vais pas au Mac Do aujourd'hui » (lorsqu'il rend visite à son père, il va ensuite déjeuner chez Mac Donald. Son éducatrice étant en vacances, il ne peut se rendre ni à la prison, ni chez Mac Donald). Il veut que je lui recopie l'heure de son prochain rendez-vous sur une petite feuille. Il ne connaît ni les jours de la semaine, ni les mois, ni les heures, ce qui peut faire penser aux difficultés qu'avait sa mère à appréhender la vie sociale. Puis il dit qu'il veut partir. A-t-il autre chose à me dire avant de s'en aller ?

Louis : « On a déjà parlé de mon père

– De ton père qui est en prison ?

Louis : Oui. Je peux sortir ?

– Toi oui, mais lui non. On en reparlera quand tu le souhaiteras. »

Je constate, mais bien après coup, qu'on a effectivement parlé de son père devant lui mais que lui, justement, n'en a jamais parlé. Au lieu de lui dire cette évidence, j'essaye assez maladroitement de pointer une différence entre son père et lui : l'un est en prison, l'autre pas ; il peut éprouver sa liberté : celle de venir ou non me parler, lui, de son père.

Les séances suivantes, échelonnées sur un an, ne peuvent, matériellement, être rapportées dans leur intégralité. Il m'a paru moins fastidieux d'en extraire subjectivement quelques moments clés, dans leur chronologie. En cours d'analyse, je n'ai pas tenté de reprendre mes notes. Mais plus tard, mis bout à bout, ces fragments m'ont paru illustrer le formidable travail que peut faire un enfant et la difficulté d'assurer auprès de lui une présence compréhensive pour qu'il advienne comme sujet.

Avril – Louis me demande le nom d'une petite fille qu'il a vue sortir de mon bureau. Je refuse de le lui dire en lui expliquant que je suis tenue au secret professionnel pour *tous* les enfants et pas seulement pour lui. Au cours de la même séance, il fait un trou dans la tétine avec les ciseaux (ce matériel est à sa disposition sur la table) en disant, comme dans un rêve, sans s'adresser à moi : « C'est pour qui la drogue ? Papa mangeait de la drogue quand j'étais petit. »

Juin – Louis joue avec des petites voitures, une voiture de police et une ambulance. La voiture de police percute l'ambulance qui se retourne. Je dis : « C'est la police qui a fait ton papa prisonnier et l'ambulance qui a emmené ta maman.

– Non, on l'a mise dans une terre.

– C'est ton papa qui a fait le gros accident qui a

tué ta maman. L'ambulance l'a emmenée mais elle était morte et après on l'a enterrée dans la terre où elle est née. Ce qu'a fait ton père est interdit par la loi, c'est pour ça qu'il est en prison. »

Début septembre – « D'où on sort ? » Après lui avoir demandé si lui en avait une idée, je dis que les bébés sortent du ventre de leur mère et les personnes qui sont en prison sortent de prison quand elles ont fini leur peine. Il répond : « Mon père va bientôt sortir. » Plus tard dans la séance, il met de la pâte à modeler telle quelle à l'intérieur de l'ambulance et dit : « Là, c'est ma mère. »

Fin septembre – Au début d'une séance, il me fait écrire « bateau » et « avion » sur une petite feuille. Vers la fin, il prend une enveloppe, y met cette feuille et me demande s'il peut l'emporter. Comme il ne s'agit pas d'une de ses productions, j'accepte et lui dis la règle concernant ses dessins : ils doivent rester dans son dossier. Cette règle est destinée à structurer le champ de travail de l'enfant en psychanalyse : il ne vient pas pour produire des objets mais pour parler et être écouté. Les dessins sont des traces de cette communication et restent donc entre nous, dans le dossier où sont aussi consignées les paroles échangées.

Ce jour-là, il porte une montre, un cadeau de son père, dont il est très fier. Il s'agit là d'un objet d'une autre nature : c'est un don de son père et c'est utile.

Octobre – « J'ai vu mon père un autre mercredi et j'ai été au restaurant chinois. Je vais faire un panneau routier, c'est pour ma maîtresse. » Il dessine un cercle qui, dit-il, signifie « interdit de fumer ». Il le déchire : « C'est les hommes qui fument. Avant mon père fumait, maintenant, il fume plus. » Il essaye à deux reprises de refaire ce panneau qu'il rate : « Mon père, il sort de prison, il vient me chercher pour les vacances. » (si on supprimait en les déchirant les interdits pour les hommes, son père, qui les a transgressés, ne serait pas en prison et l'emmènerait en vacances. Quel rêve !). À la fin de la séance, il met un panneau déchiré qu'il voulait jeter dans une enveloppe et l'emporte ; je lui rappelle la règle (tous ses dessins doivent rester dans son dossier) sans l'obliger à la respecter mais en ayant l'impression de m'être fait un peu avoir : le « raté » fait partie intégrante de la séance et je n'aurais pas dû le laisser emporter un dessin même s'il le destinait à la poubelle.

Novembre – Il dessine un panneau « interdit de dépasser » et me demande : « Est-ce que tu allais à la maternelle quand tu étais petite ? » (il est en dernière année de maternelle). J'acquiesce et nous parlons des différences entre sa maternelle et la mienne.

Décembre – Il dessine une femme : c'est Tata (sa nourrice) qui occupe le milieu de la feuille. Elle n'a ni bras, ni jambes mais sa tête est couverte d'un parapluie. Il ajoute un poisson en bas et à gauche et un petit soleil en haut et à gauche duquel pend une masse bleue. Je pense qu'il a voulu représenter une figure maternelle quand il était petit (à l'âge de poisson-fœtus). Cette femme est assez impuissante n'ayant ni bras, ni jambes mais elle a quand même la tête protégée par un fin parapluie évoquant une ombrelle. On peut imaginer qu'elle crie ou qu'elle est effrayée. Elle regarde vers la droite et ses cheveux noirs indiquent aussi cette direction. Son cou est très volumineux et sa féminité est indiquée par le trapèze de la robe. Le soleil paraît lointain par sa taille, seule la masse bleue lui donne une certaine présence. Le poisson en forme de huit horizontal est tracé au stylo à bille, comme le parapluie, ce qui donne un trait fin contrastant avec le trait plus grossier du feutre dont il s'est servi pour la femme et le soleil. Sa tête est plus haute que le corps et il regarde aussi vers la droite mais ce poisson n'est pas colorié, comme s'il n'était pas investi. Louis n'a pas de commentaire à faire à propos de son dessin, je n'en fais pas non plus.

Début janvier – Il arrive en claironnant qu'il va emporter le dessin qu'il va faire. Je lui rappelle que tout ce qu'il fait pendant sa séance doit rester dans son dossier et ajoute que je ne le laisserai pas l'emporter. Il essaie alors d'autres propositions : par exemple, emporter quelque chose qui se jette à la poubelle. Cette fois-ci, je refuse en lui disant : « Tu vaux mieux que ça. » Il fait comme s'il n'avait pas entendu et après quelques autres propositions je lui dis : « Ton père est en prison parce qu'il a transgressé la loi ; toi, tu es en train d'essayer de voir si on peut s'arranger avec les règles, on ne peut pas. » Il est d'abord furieux puis triste et se cache la tête dans ses bras croisés sur la table. Puis, sans rien dire, il va s'allonger par terre, entre deux chaises. Je ne dis rien ; il s'assied, toujours par terre, en me tournant le dos. Lorsque j'interromps la séance, après un long moment, il n'a plus prononcé un seul mot ; il sort dignement et va s'écrouler dans la salle d'attente en hurlant et en pleurant. Au bout de cinq minutes de pleurs et de hurlements, je vais lui dire : « Tu as la force de supporter qu'on t'impose de respecter les règles. » Il s'arrête instantanément de crier, se lève et s'en va, très mécontent.

Depuis plusieurs séances, il était question d'interdits auxquels sont soumises les grandes personnes comme les petites : Louis a d'abord parlé de drogue à propos de son père (savait-il, avant le meurtre, que son père était déjà délinquant ?), vérifié si je respectais le secret professionnel même si lui avait envie de savoir, puis il a introduit les panneaux d'interdiction de fumer (avant son père fumait, maintenant il ne fume plus) puis d'interdiction de dépasser avant de tenter ouvertement de transgresser l'interdit d'emporter ses dessins. Il s'effondre lorsque je lui impose le respect de la règle mais m'a paru assez soulagé que je lui dise qu'il avait assez de force pour le supporter : les règles sont les mêmes pour tous, c'est une force de les respecter et non un anéantissement de la personne.

Un autre élément que j'ignorais est intervenu : il faut se rappeler que Louis, dans son approche progressive de l'interdit, avait pu emporter quelques petites choses (une feuille sur laquelle j'avais écrit quelques mots, un dessin raté) ; ça n'avait pas été le cas pour son frère, son analyste ayant imposé d'emblée un respect strict de la règle (tout ce qui se fait dans la séance y reste). Les séances ayant lieu à la même heure, dans le même centre, les deux enfants se retrouvaient dans la salle d'attente, l'un avec quelque chose et l'autre sans rien. En lui interdisant d'emporter son dessin, il se retrouvait à égalité avec son frère, ce qui a probablement représenté un facteur supplémentaire de détresse en le privant d'un élément de différenciation. Or, le père ne les traitait pas de la même façon puisqu'il ne battait que l'aîné...

Avant la séance suivante, j'étais vaguement inquiète : avait-il surmonté l'épreuve ? Louis est arrivé en pleine forme, radieux, très dynamique, me faisant admirer ses nouvelles chaussures. Il a dessiné « une sorcière qui ressemble à maman » (probablement moi lors de la dernière séance...) toujours sans bras mais avec des jambes et des pieds qui lui permettraient d'avancer d'un bon pas vers la droite. Sa petite tête ronde est toute rouge, les yeux, les sourcils et la bouche sont noirs. Elle est surmontée d'un chapeau style toque de cuisinier et enserrée d'un énorme cou qui part de l'emplacement des oreilles. La toque et le cou sont striés par des lignes verticales évoquant des barreaux. Louis ne fait aucune allusion à ce qu'il pourrait ou non emporter et me dit en partant : « C'est mardi que je vais voir papa. »

Fin janvier – C'est le jeu de Louis-policier. Il dessine une étoile de shérif (deux triangles inversés) et dit qu'il lui faut une arme. Il n'arrive pas à dessiner un pistolet et me demande de l'aider à en dessiner un. Il veut le découper, n'y arrive pas et en dessine un lui-même.

– « Tu connais des policiers ?

– Je vais voir mon père mercredi et je vois des policiers. » Il me dit qu'il aimerait apporter ça à son père lors de la prochaine visite, déjà résigné à ce que je refuse, ce que je fais. Il me demande une enveloppe, y met son pistolet, l'étoile de shérif et déclare en me la remettant en fin de séance : « J'ai fait ça pour papa pour qu'il devienne policier en sortant de prison. » Et je lui réponds, pensant à Caïn, nommé par Dieu responsable de la sécurité des villes, après avoir tué Abel : « Ton père pourrait certainement faire un très bon policier. »

Louis reconnaît l'extrême danger des pulsions intérieures de son père qui l'ont rendu meurtrier. Dans l'avenir, il envisage un retournement très positif de cette situation : au lieu de se soumettre à ses pulsions internes qui l'amènent à tuer, son père pourrait affronter des dangers extérieurs et en protéger les autres. On ne peut analyser plus finement les pulsions et leurs destins possibles dans la sublimation ; il est remarquable que Louis ait pu le faire en éprouvant victorieusement sur lui-même ses propres capacités à respecter l'interdit.

Mars – « J'ai été voir mon père aujourd'hui », dit-il alors qu'il était en train de jouer à la pêche avec une ligne fictive.

– La pêche ça te fait penser à ton père ?

– Non.

– Peut-être que quand tu vas voir ton père, ça te fait penser à ta mère ? » (j'essaie de comprendre ce jeu de pêche). Il ne répond pas et découpe son dessin (une voiture de police) en empiétant sur son tracé. Il redessine une voiture de police, essaye de la découper en respectant le contour, n'y arrive pas.

– « Quand on parle de ton père, tu penses à la police (à cause de la voiture) ?

– Non. »

Je lui dis que je remarque qu'il devient malhabile

pendant qu'on parle de tout ça. Il fait de gros efforts pour découper correctement sa voiture de police, recommence plusieurs fois de plus en plus anxieux et tendu. Au dernier essai, il a presque réussi mais tout près du but, il sectionne le gyrophare, ce qui fait tout rater. Très ému, il a les larmes aux yeux, il transpire, il est totalement engagé dans son activité ; il redessine une voiture plus grande qu'il arrive à découper correctement, gyrophare compris. Il dessine une autre voiture, encore plus grande qu'il découpe correctement. Ses yeux sont alors remplis de larmes. Je lui dis : « Je crois que je comprends tes efforts pour considérer que ton père est quelqu'un de bien quoi qu'il ait fait vis-à-vis de toi et de la société. » Il sectionne alors les roues de la dernière voiture, n'arrive pas à recommencer correctement et part désespéré.

Je garde un souvenir extrêmement pénible de cette séance : l'impuissance angoissée de Louis à faire quelque chose de bien, alors qu'il sortait d'une visite à la prison, peut-être comme si ses rêves de réhabilitation se brisaient lorsqu'il rencontrait son père dans la réalité, sans bien sûr négliger l'importance de son âge approchant la résolution du conflit œdipien : une voiture de police, maintenant ou plus tard (augmentation de la taille de la voiture, lui-même étant en pleine croissance), sans gyrophare ou sans roues, ne sera jamais opérationnelle. Mon commentaire exprime quelque chose que je souhaitais qu'il sache (son père est reconnu coupable par la société d'avoir tué sa mère mais n'en reste pas moins digne de lui avoir donné naissance), plutôt que le sens probable de ce qu'il était en train de faire. J'ai éprouvé aussi la difficulté de rester présente auprès de quelqu'un qui souffre et qu'on ne peut ni ne doit soulager parce qu'il vient pour symboliser cette souffrance.

Début avril – Louis est maintenant accompagné par son nouvel éducateur qui remplace la personne précédente, démissionnaire ; le père a une attitude plus respectueuse, moins menaçante envers cet homme. La nourrice ne veut plus avoir aucun contact avec le père, se sentant elle aussi menacée. Elle a supporté les exigences du père pour les enfants, voulant croire ce qu'il leur avait dit : qu'il ne l'avait pas fait exprès, qu'il regrettait, etc. Réalisant que le père n'exprimait pas le moindre regret et qu'il était même menaçant à son endroit, elle s'est mise aussi à en avoir peur, prenant probablement la mesure de la haine de cet homme vis-à-vis des femmes. On me signale aussi, par téléphone, hors de la présence de Louis qu'il rackette les petits à l'école et dit à tout le monde, avec fierté, que son père est en prison, ce qui pose quelques problèmes à son institutrice !

À cette séance, il dessine un pompier qui n'a pas de pieds (encore quelqu'un qui a professionnellement sublimé ses pulsions destructrices, mais qui est un handicapé moteur puisqu'il n'a pas de pieds !) et un gros nombril. Je lui demande ce que c'est. Il répond : « Le bidon » en désignant le nombril. À propos de cette cicatrice, je lui parle du cordon ombilical qui le reliait à sa mère. Il demande : « Comment on sait que c'est un garçon ? » Je le lui explique. Après cette séance où il a appris des choses, il sort en me disant mi-interrogatif, mi-affirmatif : « Ce qu'on sait on peut le prendre », interprétant lui-même son comportement de « voleur ». Je lui réponds qu'effectivement on peut apprendre en « volant » du savoir aux professeurs mais que l'on m'a avertie que l'école lui reprochait de voler des objets aux plus jeunes, ce qui est interdit ; mais j'ajoute avoir bien compris que ce qu'il voulait, c'était du savoir. Depuis, on ne m'a plus jamais parlé de vols à l'école.

Le fait qu'il parle avec fierté de son père en disant qu'il était en prison devenait embarrassant car les autres enfants, trouvant aussi qu'il avait un papa formidable, en parlaient à leurs parents qui ne partageaient pas du tout cette opinion ! D'un autre côté, il paraissait tout à fait normal qu'un garçon de presque six ans soit fier de son père et dans le cas de Louis j'avais bien essayé de lui dire qu'il n'avait pas à rougir de ses origines. Ce fait m'ayant été rapporté hors de sa présence et lui-même ne l'ayant pas évoqué, je n'en ai pas parlé, mais son éducateur a pris l'initiative de lui parler de l'*effet* que cette annonce produisait sur les autres (essentiellement les adultes...) tout en le laissant libre de continuer ou non.

Fin avril – À sa dernière visite en prison, Louis n'a pas pu rencontrer son père car celui-ci a été transféré en centrale sans que ni l'éducateur ni les enfants en soient avisés. L'éducateur m'avait téléphoné avant la séance pour m'en informer et me dire qu'il avait senti Louis plutôt soulagé. Lui estime que les visites se passent plutôt mal, le père ne sachant que dire et ne pouvant rien faire avec ses enfants qui s'agitent et se disputent. Le père ne parle finalement qu'à l'éducateur et supporte difficilement la présence bruyante et désordonnée de ses enfants.

À cette séance, Louis m'informe d'emblée : « J'ai

été voir mon père et il était pas là » et enchaîne : « Y a une chose que je sais pas faire, c'est écrire PAPA. » Je fais un modèle à sa demande et il recopie p a, s'interrompt, essaie de dessiner un poisson sous les lettres et rajoute p a. Je demande : « Tu as écrit quoi ? » Il répond : « Louis, oh non ! Papa – Tu ne sais plus si c'est toi le papa ou ton papa, le papa ? » Il répond « oui », en riant de bon cœur. Il reprend des découpages commencés dans la salle d'attente (un masque de Tortue Ninja) en découpant très habilement. Il le remarque lui-même car il me dit : « Ça découpe vite ! » et ajoute : « Je peux pas l'emmener chez moi ? » d'un ton à peine interrogatif. Je lui énonce, une fois encore, la règle. À ce moment, il se lève en disant : « J'ai oublié quelque chose », sort comme une flèche et revient en courant apporter son caillou.

Cette séance peut être rapprochée de celle qui avait eu lieu après la dernière visite en prison. Cette fois-ci, contre toute attente, son père n'était pas là. Il souhaite apprendre à écrire le mot « papa ». Essaie-t-il d'en symboliser l'absence physique, d'intérioriser la fonction paternelle ou évoque-t-il la scène de son engendrement (c'est lui, le poisson-fœtus esquissé entre les deux syllabes « pa », qui a rendu un homme « papa », à moins qu'il ne s'imagine être le père de son père, ce qui le fait bien rire) ? Lors de sa première séance, Louis m'avait demandé d'écrire son prénom mais pas pour apprendre à l'écrire lui-même. Depuis, il a appris à l'école à écrire son prénom mais c'est à moi qu'il demande de lui apprendre à écrire « papa » : il faut aussi une femme pour faire un père...

Sa dextérité manuelle pour découper un masque

animal pourtant très humain (la tortue Ninja) le surprend lui-même : elle contraste avec sa maladresse lorsqu'il essayait de découper les voitures de police. Il a presque intériorisé la règle de la séance en se contentant de vérifier mollement si je la ferai respecter. C'est une tout autre attitude que d'arriver en claironnant qu'il va emporter un dessin. D'ailleurs cela lui évoque immédiatement une autre règle, celle du paiement symbolique, qu'il a lui-même introduite et respecte scrupuleusement depuis le début : en apportant son caillou, c'est bien lui et personne d'autre qui veut ce traitement.

Du bonhomme sans nom et incapable de tenir debout va émerger un garçon qui, dans le cadre de l'analyse et du transfert, va actualiser la scène de l'assassinat et la mort de sa mère dont il a probablement fait le deuil, ce qui ne veut pas dire qu'elle ne lui manque pas, ni qu'il ne lui en veut pas : il évoque sa mère déjà morte (dans l'ambulance, dans une terre) ou comme une sorcière, il accepte que la nourrice occupe auprès de lui une fonction maternelle, recherche son affection et lui en manifeste, tout en essayant constamment de lui faire baisser les bras devant ses exigences. Ayant « pris possession » de ses origines, de son histoire, du sexe auquel il appartient, il peut et a très envie d'accéder aux acquis scolaires et culturels. Son amour pour son père lui fait imaginer toutes sortes de solutions pour le retrouver, même si, dans la réalité, les contacts sont rudes. Il peut en symboliser l'absence, accepter comme une épreuve promotionnante de respecter un interdit et même s'imposer, lui, comme sujet grâce au paiement symbolique en y trouvant du plaisir après avoir tenté de nier la loi ou de la transgresser jusqu'à ce que l'interdit ait un effet sur lui. Personne ne peut dire aujourd'hui ce qu'il deviendra plus tard. Mais à six ans, Louis a accompli un chemin remarquable : grâce à l'amour qu'il porte à son père, sans méconnaître ni dénier le danger mortel de ses pulsions destructrices, Louis a pu concevoir d'autres voies que la transgression pour ses propres pulsions : il est en train de structurer ses relations avec la société, d'articuler le passé et l'avenir.

Son père sait-il qu'on ne fait pas la loi mais qu'on est Sujet de la loi ? On peut en douter : ayant commis son crime, il est contraint de subir la sanction que lui impose la société mais continue de soutenir auprès de qui veut l'entendre qu'il a agi « pour ses enfants ». L'interdit n'en est pas un car il n'a aucun *effet* même après avoir été transgressé.

Comme on peut le constater, ces enfants, considérés du point de vue de leur vie psychique, n'ont aucun point commun. Seule une réalité les rapproche : le crime d'un des parents et ses conséquences immédiates, la séparation et le deuil. La réalité, à elle seule, ne provoque ni n'explique la structure psychique des enfants, même si elle entraîne des troubles que l'on qualifie de « réactionnels ». En les adressant à ma consultation, le personnel de la pouponnière ne s'y trompe pas : les enfants ne sont pas envoyés *à cause* de la survenue d'un événement, aussi grave soit-il, mais seulement lorsqu'ils présentent des dysfonctionnements témoignant de la façon dont ils *ressentent* les choses. Le plus souvent, les représentants de l'Aide sociale à l'enfance accomplissent correctement leur travail en communiquant des informations en paroles à l'enfant, le plus exactement possible, puis en leur assurant un maternage de qualité. Quelle est alors la différence avec l'information formulée pendant la cure ? Je reprends les faits à mesure que l'enfant revit, en relation avec moi, dans le transfert, les *états émotionnels* qu'il a ressentis sans les intégrer, avant, pendant ou après le drame. L'enfant confronte son monde imaginaire à la réalité dans le cadre de la séance ; en me référant à la théorie psychanalytique, à mon expérience des jeunes enfants, à ma propre analyse, à ce que l'on m'a rapporté et à ce que je ressens, j'essaie de donner un sens aux signes que je repère en nommant ces signes et en les rapprochant de faits historiques vécus ou connus comme faisant partie du roman familial. C'est ce que l'on appelle l'analyse du transfert, indispensable quel que soit l'âge où l'on entreprend une analyse mais essentielle avec les très jeunes enfants. L'analyste ne peut occuper la place d'un parent que dans le transfert et seulement en paroles. Dans le meilleur des cas, l'enfant pourra affronter ces vérités, se remémorer, s'il le souhaite, ses souvenirs à titre de souvenirs et non de blessures corporelles constamment béantes ou prêtes à s'ouvrir à la moindre occasion.

Chapitre 3

Mathias, l'enfant qui voulait être un chat

« *Quand j'étais enfant, je parlais comme un enfant.* »
Saint Paul, *Première épître aux Corinthiens*

Les enfants de la pouponnière ne subissent pas tous des ruptures de lien aussi radicales que celles que j'ai retracées dans les précédents chapitres. Il arrive que ce soit la nature même du lien parents-enfant (en dehors des sévices patents) qui devienne un motif de séparation. Se pose alors la délicate question de savoir si le placement d'un enfant peut être thérapeutique en lui-même.

On connaît les cas de ces enfants qui s'arrêtent totalement de grandir dans le milieu familial (nanisme psychosocial) et reprennent leur croissance dès qu'ils sont ailleurs. Même dans ces cas, les pédiatres répugnent à envisager qu'une séparation d'avec les parents puisse être « thérapeutique » [32], la famille étant pratiquement toujours considérée comme le lieu de vie idéal pour l'enfant.

32. Raimbault G., « Simon un nanisme psychosocial », *Clinique du Réel*, Éd. du Seuil, 1982, pp. 63-77.

La convention des Nations unies sur les droits de l'enfant est on ne peut plus claire à ce sujet : la famille est reconnue comme « unité fondamentale et milieu naturel pour la croissance et le bien-être de tous ses membres et en particulier des enfants ». L'article 7 précise que l'enfant a, dès sa naissance, et « dans la mesure du possible, le droit de connaître ses parents et d'être élevé par eux ». D'un autre côté, la prise de conscience de l'ampleur du phénomène de maltraitance intrafamiliale, c'est-à-dire du danger que court l'enfant au sein de sa propre famille, oblige à nuancer notre idéologie concernant la famille comme lieu idéal pour l'éducation des enfants.

Nous sommes dans une société qui, pour protéger les enfants, délie du secret professionnel ceux qui y sont astreints et rend coupable de non-assistance à personne en danger toute personne qui, ayant connaissance de sévices, ne dénoncerait pas les faits. Une fois les faits connus, la séparation d'avec le milieu familial n'est que l'une des mesures possibles mais elle est parfois nécessaire. Il est donc difficile de continuer à considérer qu'elle est en elle-même pathogène en toutes circonstances. Certains juges pour enfants, certains psychanalystes et pédopsychiatres continuent néanmoins d'en faire un principe.

Les personnes qui de près ou de loin conçoivent, gèrent et travaillent dans des foyers d'accueil pour enfants, adoptent souvent le même point de vue. Cela a des conséquences importantes sur l'organisation même de ces institutions : légalement, le foyer d'accueil est un lieu de vie *temporaire*. Le séjour doit être le plus bref possible au profit d'un retour dans la famille d'origine ou d'un placement en famille d'accueil, structure qui ressemble plus à une « vraie famille » et qui est, il est bon de le préciser, beaucoup moins coûteuse. En pratique, les séjours ne sont pas aussi brefs que l'administration le souhaiterait, d'autant que les familles d'accueil de qualité sont quasiment introuvables, surtout en région parisienne.

Dans d'autres institutions où l'enfant et surtout le nourrisson tireraient des bénéfices incontestables à ne pas être séparés de leur mère – la plupart des hôpitaux pour enfants et certaines maternités – il est paradoxal de constater que l'on « oublie » assez facilement que la séparation puisse être un traumatisme : les services de pédiatrie où les parents peuvent rester sont encore bien trop rares et dans de nombreuses maternités, les nouveau-nés sont séparés de leur mère non seulement la nuit mais aussi la journée, en dehors des heures de repas... ce qui pourrait être considéré comme de la non-assistance à personne en danger, si l'on en juge par les conséquences parfois dramatiques de ces séparations injustifiées.

À la pouponnière d'Antony, un travail de réflexion a été mené par et avec le personnel pour que ce lieu d'accueil statutairement temporaire n'en soit pas moins considéré par les maternantes comme un lieu de vie *bénéfique* pour l'enfant. La société a des devoirs à son égard qui ne se limitent pas à assurer son hébergement et à pourvoir à ses besoins matériels ; l'enfant a lui-même le devoir de se protéger contre ce qui pourrait le faire mourir physiquement ou psychiquement avant terme [33]. Si les personnes qui côtoient quotidiennement l'enfant sont considérées par la société et se considèrent

33. Dolto F., *Dialogues québécois*, Éd. du Seuil, 1987, p. 140.

elles-mêmes comme partie intégrante d'un dispositif nocif pour l'enfant, cela ne peut pas ne pas avoir de conséquences sur leurs façons d'agir. Si, au contraire, leur intervention, même temporaire, auprès de l'enfant est considérée comme bénéfique sinon thérapeutique, toute l'atmosphère de ces lieux s'en trouve transformée : l'enfant est alors considéré comme un sujet devant être pris en considération ici et maintenant pour lui-même quelles que soient les circonstances et la durée du placement. La séparation physique d'avec le milieu familial, si possible préparée, expliquée en fonction du contexte, en conservant les liens entre parents et enfant, n'est pas forcément vécue comme un échec ou un drame mais, au contraire, comme une possibilité de parler, de comprendre, de modifier une situation souvent inextricable et dangereuse pour l'enfant tant qu'il n'est pas en âge de se protéger lui-même.

Première séance

Mathias n'a jamais subi de sévices qui auraient entraîné un signalement auprès des autorités compétentes. La précarité de la situation sociale de ses parents n'aurait pas non plus, à elle seule, justifié le placement. Son histoire, racontée par un membre de la pouponnière en sa présence, est plus subtile et pourtant la séparation a été jugée nécessaire.

Mathias a été placé à la pouponnière à un an après une hospitalisation de deux mois pour bronchiolite. Jusqu'alors, il vivait avec ses parents dans des conditions matérielles assez difficiles. Des problèmes d'hygiène avaient été remarqués lors des consultations au centre de PMI (protection maternelle et infantile) mais Mathias n'était pas malade pour autant. Sa mère disait que les problèmes respiratoires avaient commencé quelques mois auparavant, lorsque l'API (aide aux parents isolés) leur avait trouvé un logement correct où ils ne sont d'ailleurs plus.

Mathias est le troisième enfant d'une famille de trois garçons. Tous les enfants sont nés par césarienne mais dans des circonstances bien différentes : l'aîné a été attendu par « les trois parents » (le père, la mère et la grand-mère maternelle). Le second, la mère a décidé « seule » de le mettre au monde. Pour Mathias, le dernier, le père et la grand-mère maternelle voulaient que la mère avorte. Elle a considéré qu'elle se faisait un cadeau en gardant l'enfant mais cela ne l'a pas empêchée, pendant la grossesse, de penser beaucoup à la mort. Le père a demandé une ligature des trompes sans en parler à sa femme, ce qui a été fait lors de l'accouchement, sous anesthésie générale.

Actuellement, l'aîné vit en internat spécialisé. Les parents disent de lui : « C'est un animal » (ce qui, je m'en apercevrai plus tard, est un compliment). Le second, six ans, présente des difficultés d'élocution et scolaires très importantes mais vit avec ses parents.

La mère a un frère ; le père, de nombreux frères et sœurs. La grand-mère maternelle occupe une place importante dans la famille. Elle seule travaille, emploie épisodiquement le père et a provisoirement logé le couple dans une petite maison lui appartenant. Ils en ont été expulsés en raison de l'insalubrité du lieu voué à la démolition et surtout des plaintes de voisins concernant leurs nombreux animaux. C'est après avoir été relogé dans un appartement que Mathias a commencé à être malade. Lors du déménagement, les animaux ont été *placés*... mais sont revenus. Le père est chômeur depuis plusieurs mois. La mère ne travaille pas à l'extérieur.

La mère traite durement son second fils et paraît plus distante avec Mathias. Les parents viennent très souvent en visite à la pouponnière. Pendant l'hospitalisation de Mathias, le placement a été prévu par les services sociaux pour une durée minimale de trois mois, en accord avec les parents, sans intervention judiciaire, pour qu'il guérisse complètement de ses troubles pulmonaires.

Lors de la première consultation avec moi, Mathias a dix-sept mois et il est déjà placé depuis cinq mois. En effet, malgré les soins médicaux, Mathias présente sans discontinuer des troubles respiratoires inquiétants pour l'avenir. Devant les difficultés des médecins à le guérir, le personnel de la pouponnière a pris la décision, avec l'accord des parents, de me l'adresser.

Mathias a un physique très agréable et ne présente aucune malformation visible qui pourrait être en rapport avec ses infections pulmonaires à répétition (je pense notamment à une mucoviscidose mais les explorations ont, bien sûr, été pratiquées). Il a un développement staturopondéral correct et il est plutôt potelé. Il s'est immédiatement dirigé vers le seul homme assistant ce jour-là à ma consultation, puis s'est assis sans rien dire. Il a l'air plutôt triste mais présent, écoutant attentivement les adultes qui parlent de lui, bougeant peu, ne jouant pas, la présence de son regard contrastant avec sa passivité motrice. On ne peut pas ne pas remarquer le bruit qu'il fait en respirant, à l'inspiration comme à l'expiration. Ce bruit me paraît assez étrange et pourtant familier ; en l'écoutant sans le regarder tandis que l'on me parle, je réalise subitement que Mathias *ronronne.*

L'entretien ayant déjà duré plus d'une heure, je m'adresse enfin directement à Mathias pour lui dire que je crois comprendre que sa mère a l'air de préférer les petits animaux aux petits humains. Le bruit qu'il arrive à faire me rappelle le ronronnement des chats auxquels sa mère a l'air d'être si attachée ; peut-être pense-t-il que s'il était un chat, sa mère serait plus attachée à lui ? Mais il est né humain et ne pourra devenir chat même s'il parvient à ronronner.

Deuxième séance

À la suite de contretemps divers, ce second entretien n'a lieu que cinq mois plus tard, tandis que les autres séances auront lieu au rythme de deux séances par mois. Quatre psychanalystes assistent, ce jour-là, à ma consultation. Mathias (vingt-deux mois) est accompagné par sa maternante et sa responsable d'unité. Il ne veut pas entrer, redescend l'escalier tout seul vers la salle d'attente tandis que je parle avec ces dames en lui laissant la porte ouverte.

La maternante rapporte qu'il se jette par terre avec violence, bave beaucoup, présente toujours des infections pulmonaires à répétition, alternant avec les problèmes de comportement qu'elle me décrit :

il se cogne la tête souvent, ne sait jamais s'il veut ou pas de son biberon. Par ailleurs, il se développe bien.

Ses parents viennent le voir tous les jours mais les maternantes ont noté que les relations sont difficiles : sa mère se colle à lui et il la repousse ; le père joue plus mais s'énerve vite et donne des fessées. Par ailleurs, cinq chats, deux chiens et une tortue sont de retour au domicile des parents. Les voisins se plaignent et la famille semble sur le point d'être à nouveau expulsée.

Pendant ce temps, Mathias est couché en bas des escaliers. Je vais le voir en lui proposant de monter. Il refuse. J'envoie la maternante le chercher. Elle revient en le portant sans qu'il proteste. Souhaitait-il être porté pour entrer ? Dès que la maternante le pose, il se couche par terre, sur le dos, la tête entre les pieds de la maternante. Il va toucher de la main la chaussure du psychanalyste vers qui il était allé à la première séance (cinq mois auparavant) et se met à pleurer doucement et à *ronronner*. Je lui dis : « Tu es Mathias C., tu n'es pas un bébé animal comme ta mère les aime tant, tu es un bébé HUMAIN. » À ce mot sur lequel j'ai mis l'accent, à la stupéfaction générale, il dit OUI très distinctement et se remet à pleurer. Pendant qu'il pleure, je continue de lui parler : « Je comprends que tu as dû beaucoup souffrir pour te faire aimer en essayant de devenir un petit animal. » Il continue de pleurer ; après un moment, je lui demande s'il veut que sa maternante le console. Là encore, à la surprise générale, il dit NON très fermement, sans colère, et recommence à pleurer tout doucement, sans bouger. Je lui parle de sa douleur et aussi de sa force, de la possibilité qu'il a maintenant de se faire aider et qu'il refuse. Probablement a-t-il essayé de devenir un chat pour consoler sa mère rendue si triste par l'expulsion des animaux. Il n'a pas réussi à la consoler et sa peine à lui, personne n'a pu la comprendre. La séance se terminant, la maternante le prend dans ses bras pour sortir, il se laisse faire, arrête immédiatement de pleurer, sourit à l'assistance : il est tout recomposé.

Cette séance a saisi tous les participants et m'a beaucoup fatiguée ! Le saisissement provient de plusieurs éléments conjugués : cet enfant de dix-sept mois retrouve momentanément des moyens d'expression plus anciens (cinq-six mois), ce qui indique qu'il y a eu une rupture à cette époque de son histoire sans parole d'accompagnement. Cela n'a rien à voir avec un enfant qui « fait le bébé » car cette attitude est très différente de ce que les maternantes observent au quotidien, reste absolument limitée à la durée de la séance et ne se reproduit plus lorsqu'elle a été interprétée. Mathias-nourrisson tente de s'identifier à un petit animal par son cri ; il va exprimer son humanité et sa souffrance par la parole, par un « oui » et un « non », en réponse à des paroles l'inscrivant précisément dans ce registre, par-delà ce qu'il a pu ressentir du désir de sa mère. La fatigue que je ressens est comparable à celle qui survient après un effort physique inhabituel, comme si l'écoute pour essayer de comprendre cet enfant mobilisait des ressources que je n'utilise pas souvent. C'est effectivement la première fois que je pense à une identification animale à l'âge de quelques mois devant un trouble respiratoire chez l'enfant...

Troisième séance

Mathias vient accompagné par une maternante. Elle l'aide à s'asseoir à côté de moi. Je remarque en le lui formulant que sa bouche est ouverte et sa langue sortie ; il la rentre aussitôt. La maternante me dit qu'il fait encore des colères couché par terre. Sa mère va l'emmener pour les fêtes de Noël chez la grand-mère maternelle. La nourriture a une énorme importance pour lui. Il mange beaucoup, n'importe quoi, y compris dans la poubelle. Il a une grosse bosse sur le front à propos de laquelle je ne pose pas de question pour ne pas le solliciter dans la réalité, tout en me demandant si ma remarque initiale à propos de sa langue n'était pas elle aussi trop prise dans la réalité, mais il s'agissait là de la réalité de la séance.

Il prend toute la pâte à modeler, il en a les mains pleines mais n'en fait rien. Puis, il sélectionne deux morceaux distincts qu'il colle ensemble. Il est très concentré, la langue à nouveau sortie et incurvée comme les nourrissons lorsqu'ils écoutent. Il dit « y en a plus » en désignant la boîte qui contenait la pâte à modeler. Il remet encore deux autres morceaux ensemble. Il émet le son EP ou AL (?) À la fin, il rassemble toute la pâte éparpillée, la met dans une sorte de panier, ce qui me fait penser à quelque chose comme : « On est tous dans le même bateau ! »

Quatrième séance

Mathias a du mal à entrer dans le bureau comme lors de la deuxième séance (peut-être par angoisse des émois transférentiels) et il est encore très encombré sur le plan pulmonaire. La maternante le trouve mieux. Il est allé chez ses parents pour les fêtes, comme prévu. Il a été très gâté (parmi ses jouets, il a reçu un baigneur) et a pleuré quand son père l'a ramené à la pouponnière. Il parle un peu plus, se couche le soir sans se relever.

Pendant la séance, il est très calme, sa langue est sortie mais pas creuse sauf à certains moments. Il fait des choses plus élaborées avec la pâte à modeler puis dit « a plus ». Il ne ronronne plus. « Tu ne fais plus le bruit que font les chats avec leur gorge, tu utilises la pâte à modeler avec tes mains pour raconter quelque chose, ce que les animaux ne savent pas faire. » Il est concentré, habile, actif pendant toute la séance, sans mouvement d'angoisse. Il connaît l'usage de la gomme dont il se sert avec un crayon à papier. Il range chaque objet à sa place. Je lui dis que chaque objet a une place mais aussi que les êtres humains ont une place dans leur histoire, dans leur famille et dans la société. La maternante intervient alors pour me dire que, chez lui, les enfants prennent leur bain avec les chats... ce qui me confirme que la question de la place qui revient à chacun dans le monde des vivants et dans l'ordre de l'humanité est plutôt floue dans sa famille...

Cinquième séance

Il vient comme toujours dans les bras de sa maternante, qui le pose sur sa chaise alors qu'il sait très bien marcher. Sa respiration est très bruyante. Je lui dis : un être humain n'a pas besoin qu'on entende sa respiration pour qu'on sache qu'il est là. Il fait oui avec sa tête. Il enfonce un crayon dans une boule de pâte à modeler.

La maternante me fait part de ce qui se passe avec la kinésithérapie respiratoire : Mathias y va tout seul, il adore ça, il accepte tout, y compris l'aspiration des sécrétions bronchiques, avec un plaisir évident. Sa passivité et au-delà le plaisir qu'il tire de manœuvres pénibles sur son appareil respiratoire posent un problème à la kinésithérapeute qui se demande si elle doit continuer. La kinésithérapeute a fort bien perçu l'érotisation passive qu'elle fait subir à l'enfant, ce qui la met, à juste titre, mal à l'aise tant l'enfant paraît en tirer de satisfaction masochiste. Cela montre bien que n'importe quelle partie du corps peut, chez l'enfant, être source d'érotisme.

Pendant ce temps, il fait un jeu instrumental très intelligent avec une chaîne reliée à une sorte de roue en métal, la chaîne s'enroulant autour de la roue un peu comme un yo-yo. Ce jeu me paraît fort bien illustrer les sécrétions remontant le long du tuyau d'aspiration ! Mais par ce jeu, Mathais maîtrise activement une situation qu'il subit passivement dans la réalité.

Sixième séance

Mathias se fait toujours porter pour monter. Le lundi matin, lorsqu'il a passé le dimanche chez ses parents, c'est dur, il fait des colères, il se roule par terre et n'écoute rien. Il est encombré, la maternante dit qu'il le fait « volontairement ».

Il est debout près de la porte. Il l'ouvre un peu. Il a trois doigts dans sa bouche et enfonce un mouchoir dans sa poche. Il se cache subrepticement puis va finir par disparaître. Je lui indique que s'il sort, la séance est terminée. Il tape à la porte. Je lui propose plusieurs fois d'entrer. Il hésite puis s'en va. La maternante me transmet que ses parents souhaitent maintenant me rencontrer.

Septième séance

Mathias va avoir deux ans dans quelques jours. Ses parents le retrouvent pour la première fois au centre. J'ai pris des notes me permettant de transcrire presque entièrement notre échange concernant Mathias. Après les avoir accueillis, je leur demande comment ils trouvent leur fils :

Mère : Il se débrouille bien.

Père : Mieux que ses frères.

Mère : On pourra le reprendre quand on aura un pavillon.

Ils veulent vendre leur pavillon actuel pour en acheter un autre, plus grand.

Père : Moi, je suis né à la campagne. Maintenant, je suis au chômage.

Mère : Ma mère a entendu qu'il y a une maison à vendre entre E. et D.

Je demande comment s'est passée la grossesse pour Mathias.

Mère : À quatre mois, on a eu peur de le perdre aussi, j'ai eu trois césariennes.

Père : Le troisième (Mathias) j'en voulais pas.

Mère : J'ai décidé seule de le garder. J'en voulais un troisième. Moi j'ai eu un frère, j'aurais bien aimé avoir un autre frère ou une autre sœur. Je leur ai dit (à son mari et à sa mère), c'est pas vous qui le faites, c'est moi !

Père (en regardant Mathias) : Mon père était un peu comme ça : la bouche ouverte avec la langue dehors. Il aura plus de reconnaissance que ses frères. *(Je lui fais préciser ce qu'il entend par là.)* Il saura plus de choses que ses frères... Mes parents sont décédés. Je suis le sixième des neuf enfants.

Mère : Moi, mon père est mort d'un cancer quand j'avais dix-onze ans. Maintenant j'ai quarante-deux ans. Ma mère a refait sa vie en pavillon. Je m'y fais pas à notre appartement. J'aime les pavillons. Quand je reviens de chez ma mère (tous les quinze jours), je me sens « engouffrée ». Mon mari, il s'est beaucoup occupé de Mathias. Je l'ai fait exprès. C'est mon cadeau d'anniversaire. Je voulais un garçon, la mamy voulait une fille.

Mathias a été nourri au sein pendant huit jours, puis la mère n'a plus eu de lait. Elle redira qu'elle a accouché par césarienne et précisera avec détachement que ses trompes ont été ligaturées, à la demande du mari, au décours de l'accouchement. Elle a été hospitalisée pendant deux mois en tout (avant et après l'accouchement).

Je demande ensuite qui vit actuellement à la maison.

Mère (en se redressant sur sa chaise et en s'animant) : Deux chiens, un chien de chasse sourd de dix-huit ans Kiki, une chienne à mon fils aîné Dudusse ou Duchesse ; cinq chats (une récupérée a eu des petits), Minet, Louloute, Souris, Johnny parce qu'il est tombé dans une guitare et Câline. Plus une tortue terrestre Diane, elle mange de tout, elle est trop vieille, elle peut pas s'enterrer (les tortues s'enterrent à la saison froide, apprendrai-je plus tard). Mathias, il adore les chats, il sait tous les noms (à ce moment, Mathias s'anime et dit LOULOU et ADA), il s'amuse beaucoup avec le balai. Les quatre perruches sont mortes. C'est le chien qui a su que les perruches étaient malades. Tous ces animaux, c'est la détente. Je suis la *mère-minou.*

Avant, on était dans une chambre surchauffée à 30°. C'est depuis qu'il *ronronne*, ça sentait le médicament. Les trois garçons, ils sont aussi énervés que le père. Moi, je suis douce. Mathias, il est *changé* dès qu'il arrive, sur le pot devant la télé, dix minutes, trente minutes...

Mathias prend la main de sa mère et l'entraîne vers la porte. Nous arrêtons l'entretien après que les parents ont accepté que je continue de recevoir Mathias, « si c'est pour son bien ».

Cet entretien, qui apporte énormément de renseignements, aurait-il dû avoir lieu plus tôt ? Peut-être les parents seraient-ils venus si je les avais sollicités plus activement, en leur écrivant par exemple, plutôt qu'en me contentant de leur faire savoir verbalement par la responsable d'unité qu'ils pouvaient venir, s'ils le souhaitaient. D'un autre côté, j'étais sensible au fait que, bien qu'ayant accepté que je reçoive Mathias, ils ne me demandaient rien. C'est pour cette raison que j'ai préféré attendre qu'ils émettent le souhait de me rencontrer, ce qu'ils ont fait au bout de quelques mois.

Or, même s'il confirme des éléments que l'on m'avait rapportés et que j'ai retrouvés chez Mathias, cet entretien n'en reste pas moins surprenant.

Les parents se sont exprimés de façon monocorde, inexpressive tant qu'il a été question de leurs enfants, de leurs parents, d'eux-mêmes. Ils sont tassés sur leur chaise, ne bougent pratiquement pas, leur vocabulaire est pauvre, réduit au strict minimum, ils énumèrent des faits. De l'aîné, le père dira brièvement, pour donner une explication à ses troubles, qu'il lui a donné « trop de responsabilités ». Le second, il le présente comme un « débile qu'il faut aider ». Mathias est considéré par son père comme le plus intelligent et ressemble au grand-père paternel, ce qui l'inscrit quand même dans la lignée paternelle bien qu'il reconnaisse sincèrement n'avoir pas souhaité sa naissance.

Ils s'animent tous deux dès qu'on aborde la question de savoir *qui* vit à la maison ; oubliant d'ailleurs qu'un de leurs fils y est encore, ils peuvent alors parler de ceux qui vivent vraiment : les animaux. Le contraste est frappant ; ils se redressent sur leur chaise, les phrases sont plus longues, ils racontent des anecdotes, attribuent des sentiments aux animaux et ressentent des émotions en parlant d'eux. Les affects concernant les enfants sont beaucoup moins riches que ceux qui concernent les animaux. C'est au moment où les animaux sont nommés que Mathias change d'attitude et se met à parler. Lui aussi devient plus vivant. Les animaux ont non seulement un nom souvent référé à une histoire (par exemple Johnny qui est tombé dans une guitare) mais une personnalité, des sentiments, une intelligence. La mère de Mathias s'est définie elle-même comme une « mère-minou », humaine avec les animaux qu'elle arrive à accepter tels qu'ils sont, mère-mammifère avec ses enfants, objets sur lesquels elle exerce sa toute-puissance possessive tant qu'ils dépendent entièrement d'elle et qu'elle rejette dès qu'ils s'autonomisent. La naissance de Mathias qu'elle seule désire non sans penser à la mort (idées de mort pendant la grossesse sans que je sache s'il s'agit de la sienne ou de celle de l'enfant), est un « cadeau »... d'anniversaire : « Puisque tu ne m'as pas fait de cadeau », dira-t-elle à son mari devant moi, elle fêtera seule sa naissance en s'offrant une naissance. L'idée même du cadeau est pervertie car se faisant un cadeau à elle-même, elle en annule toute la dimension de circulation d'une personne à une autre. Quant à l'enfant-cadeau, elle s'en assure la pleine jouissance : c'est un objet qui lui appartient, déniant au père jusqu'à sa fonction génitrice, mais une fois qu'elle l'a, elle ne s'y intéresse pas beaucoup et « fait exprès » de le laisser à son père.

J'ai aussi la surprise de constater que la mère a parfaitement diagnostiqué, et bien avant moi, ce dont son fils souffre : il ronronne pour sa mère-minou !

Il ne sera pas question cette fois-là de la façon dont les parents ressentent le placement de Mathias. La pouponnière est probablement perçue comme « changeant » Mathias : dès qu'il rentre à la maison, la mère le domestique (au sens où un animal domestique est un être vivant que l'on déplace de son milieu d'origine pour faire de lui tout ce qu'on veut) en le « changeant », en exigeant de son tube digestif un caca sans jamais lui demander s'il en a envie, en lui évitant même de se rendre compte de ce qu'il fait grâce à la télévision qui lui occupe la tête.

Huitième séance

Mathias vient porté par la maternante mais cette fois-ci, c'est parce qu'il dort profondément. Il n'a pas fait de sieste et s'est endormi dans la voiture. La maternante me dit qu'il fait des colères ; il est jaloux des bébés ou des autres enfants, il a du mal à s'adapter au jardin d'enfants ; il veut que la maternante reste avec lui. Il se jette par terre et se cogne la tête. Les parents sont venus à dix heures le matin même avant d'aller au tribunal car ils souhaitent le reprendre et ne peuvent le faire sans l'accord du juge pour enfants. Je répète pour Mathias ce que l'on vient de me dire concernant le souhait des parents et l'intervention du juge, puis la maternante me parle un peu des animaux. À ce moment Mathias se réveille en sursaut et se rendort immédiatement.

Y a-t-il un sens à recevoir et à parler à un enfant qui dort ? Peut-on considérer qu'il peut écouter en dormant ? Grâce à certaines analyses d'adultes, nous savons que des paroles proférées pendant le sommeil se sont inscrites dans la mémoire du sujet et peuvent, à l'occasion, revenir à la conscience. C'est également le témoignage que font des adultes à la sortie d'un coma. Françoise Dolto disait que l'enfant endormi était comme le fœtus : il dort et il écoute, il vit avec sa mère.

Neuvième séance

Mathias monte en donnant la main à sa maternante. Elle n'a rien de spécial à me dire sinon que ça va mieux au jardin d'enfants. Mathias n'accepte pas de la laisser sortir et commence à jouer avec la pâte à modeler. Il est très encombré, sa respiration est toujours ronronnante. Je lui dis : « Tu as une activité de garçon avec tes mains et tu restes chat dans ta gorge. » Il a la langue tirée et incurvée, en écoute. Dès la fin de ma phrase, il respire sans aucun bruit. Il joue avec une petite voiture en disant LOULOU (nom d'un chat), puis il fait un dessin qu'il ne commente pas. Je nomme les couleurs des feutres dont il se sert : il répète « bleu » avec une grosse voix ; « orange » est prononcé « darange ». Il ne peut articuler le O. En me montrant le cendrier, il dit « c'est caca » et je m'aperçois à l'odeur qu'il dégage qu'il a fait caca dans sa couche. Peut-être associe-t-il pour la première fois un faire avec un dire ?

Dixième séance

Il monte seul, très décidé, après avoir trouvé un morceau de gâteau dans le coffre d'un camion de la salle d'attente. En entrant, il montre une psychanalyste du doigt en disant : « balabala » (elle était absente à la séance précédente). Sa langue est sortie en creux, on ne l'entend pratiquement pas respirer. Il s'assied, met une gomme dans le biberon, émiette un peu de gâteau et referme le biberon. Je lui dis : « Dans un biberon, on met des choses qui se mangent ; ta langue a la même position que quand tu prenais le biberon et que tu écoutais aussi. » Il prend deux autres gommes et les met dans le biberon. « Quand ta maman te donnait le biberon, elle ne savait pas que c'est des paroles que tu voulais. » Il rentre sa langue et ferme la bouche. « D'ailleurs, je remarque que tu ne manges pas le gâteau car tu sais qu'autour du gâteau il peut y avoir des paroles. Les bébés humains, on leur parle et c'est comme ça qu'ils apprennent à parler. » Le gâteau tombe par terre et il dit en prononçant très bien : « Le gâteau, il est tombé. » Je dis : « Voilà des paroles d'humain qu'on comprend très bien et que tu as apprises en écoutant d'autres humains. »

Il veut alors couper la pâte à modeler avec le couteau. Je dis : « L'instrument dont tu te sers a un nom, c'est un couteau. Toutes les choses ont un nom. Avec les mots, on peut nommer les choses, décrire les actions ; mais les mots servent aussi à exprimer et à dire les sentiments. » Il me regarde, la langue à nouveau en creux, il émiette son gâteau mais n'en mange pas. Je lui dis : « C'est des mots que tu veux, pas à manger. » Il coupe alors le gâteau avec le couteau, en me regardant, en riant et en rentrant sa langue. Il se prépare tout seul à partir en emportant les bouts de gâteau qu'il a découpés.

Cet enfant dont on m'avait, à plusieurs reprises, signalé la gloutonnerie, allant jusqu'à fouiller dans les poubelles, ne va pas toucher au très bon gâteau qu'il a trouvé dans la salle d'attente. En lui parlant, je commente ce qu'il fait en soulignant à chaque fois la richesse symbolique et langagière de ce qu'il me paraît exprimer. Il s'est littéralement nourri de paroles, son désir de communiquer l'emportant largement sur le besoin de manger. À la lumière de cette séance, il est fort probable que Mathias n'aurait pas tant mangé si on lui avait parlé davantage, si l'on n'avait pas confondu le besoin (de manger) avec le désir (de communiquer). Dans la vie courante, les bébés qui réclament toujours plus de nourriture peuvent être apaisés aussi bien sinon mieux en leur parlant qu'en leur offrant un énième biberon.

Onzième séance

Mathias a quelque réticence à venir dans mon bureau. Il prend une petite voiture dans la salle d'attente et reste en bas de l'escalier. La maternante monte dans mon bureau. Je vais le chercher. Il monte volontiers en me donnant la main. Il refuse encore que la maternante sorte, ce qui témoigne du fait qu'il n'est pas « défusionné ». Il fait rouler sa petite voiture à la main bruyamment. Il hésite entre s'asseoir et sortir ; il se tient debout devant la porte, puis se retourne. Il tousse mais ne ronronne plus. Il regarde derrière l'armoire puis voit la plaque de propreté de la porte qui fait miroir et dans laquelle il se regarde et me voit en même temps. Puis il passe progressivement derrière la porte où il trouve la même plaque. Il fait rouler l'auto sur la plaque extérieure de la porte tout en restant visible de là où je suis. Je lui dis que s'il sort complètement, la séance sera finie et aussi qu'il est moitié dehors et moitié dedans comme il est moitié à la pouponnière et moitié chez lui. Une roue de la petite voiture se détache. Il dit : « c'est cassé », essaie de trouver une solution pour la réparer, demande de l'aide à la maternante qui n'y arrive pas non plus. Je remarque qu'il est habillé tout en rose et demande si ce sont les vêtements de la pouponnière mais la maternante me dit que ce sont ses vêtements personnels. Il sort très progressivement de la pièce ; lorsque je ne le vois plus je lui dis que, comme il n'y a plus aucune partie de lui dans le bureau, la séance est terminée.

Douzième séance

La maternante me fait part d'un comportement qui l'inquiète concernant l'apprentissage de la propreté : Mathias ne voulant plus de couche, on la lui a ôtée ; depuis, il fait là où il est.

Jusqu'à présent, Mathias restait sur le pot chez lui aussi longtemps qu'il le fallait pour satisfaire sa mère tandis qu'à la pouponnière, il portait des couches. Avant même qu'il n'acquière la véritable maîtrise de ses sphincters (il n'a pas encore trente mois, âge de la maturation neurologique et début de la propreté « naturelle »), il ne veut plus de couche. Peut-être est-ce pour lui une contrainte : sa mère ne s'occupe de ses besoins naturels que sous la forme d'une contrainte. Avec ou sans couche, il n'est pas surprenant qu'il fasse là où il est à l'âge qu'il a. Mathias donne l'impression d'essayer de se dégager de l'emprise de sa mère sur son corps... mais à la pouponnière.

La maternante me raconte encore que le jour de Pâques, il est parti pour la journée ; en le raccompagnant, la mère a dit : « Les cloches sont passées, on a mis les œufs dans la niche... » Et aussi que les enfants se sont disputés ; pour les séparer, le père leur a jeté de l'eau comme lorsque les chiens se battent.

Mathias reste dans l'escalier, à quatre pattes, il lève les pieds, enlève ses chaussures, se touche le sexe, ne veut pas venir dans le bureau. J'irai lui dire : « Ce n'est pas des pattes que tu as, mais des pieds avec des chaussures pour les protéger ; tes jambes sont faites pour te porter tout droit. Tu as également un sexe de garçon qui te sert pour faire pipi quand tu le souhaites mais qui ne sert pas qu'à ça. » Je demande à la maternante de lui expliquer que les garçons font pipi debout, au-dessus des cabinets. Peut-être aussi qu'il ne veut plus porter de couche pour sentir et toucher librement son sexe.

Treizième séance

Les parents devraient être présents car ils ont demandé à venir, mais ils ne sont pas là. Mathias a toujours les mêmes problèmes de propreté. Il ne porte pas de couche mais fait là où il est. Il reste figé, debout, au milieu de la pièce, un doigt dans la bouche. Je lui parle du pipi et du caca des animaux et des hommes, des points communs et des différences. Il fait des traces avec son doigt mouillé de salive sur la porte de l'armoire. Je lui dis que les animaux qui sont en liberté marquent leur territoire avec leur pipi et leur caca et qu'ils ne font jamais n'importe où. Les êtres humains ne font pas non plus n'importe où mais pour d'autres raisons et je lui explique où vont les déchets une fois que l'on a tiré la chasse d'eau. Il manipule la poignée de la porte de l'armoire puis se met « au coin ». Je comprends que ses parents le dressent en le mettant au coin quand il fait des « bêtises » avec le pipi et le caca. À ce moment-là, il lèche la porte et dit « caca ». Je lui dis que les animaux *font* caca, mais ne *disent* jamais « caca ». Il se couche à plat ventre, la tête sous l'armoire et se frappe la tête ; je lui parle : « Tu ne pourras jamais devenir un animal ; les humains ne font pas des chats ; tes parents sont des êtres humains qui ont donné naissance à des bébés garçons humains. Même avant de pouvoir parler, on sait que les êtres humains comprennent le langage et parleront. J'ai l'impression que, chez toi, on te demande beaucoup de faire et rarement de dire, peut-être que c'est pour ça que tu " fais " n'importe où. »

Quatorzième séance (vingt-huit mois)

Il arrive avec sa maternante en hurlant « non, non, non » et passe toute la séance couché par terre. La maternante me dit que les parents ont bien essayé de venir à la dernière séance mais qu'ils se sont perdus, ce que je retransmets à Mathias, qui se calme un peu et continue à dire « non ». À la pouponnière, il est moins coléreux et va maintenant aux cabinets quand on le lui propose. À la maison, le père ne le trouve pas assez propre (Mathias se tait) et s'est fâché avec lui tout le dimanche à cause d'un problème de propreté. Lundi matin, il y a eu aussi un gros conflit à la pouponnière (Mathias se remet à hurler), il n'a voulu manger que quand la salle à manger a été vide.

« Quand tu retournes chez tes parents, peut-être que tu redeviens le bébé que tu étais quand tu vivais avec eux. Tu n'es pas obligé de faire ça. Je crois que tes parents veulent bien que tu grandisses et que tu vives la semaine à la pouponnière. Quand tu redeviens bébé, ça fâche ton papa et ça doit être douloureux pour toi. Tes parents te voient grand maintenant (il se tait, il ronronne et il hurle), j'enchaîne – Je crois que tu étais comme ça, tout petit, couché dans ton berceau, tu avais sûrement besoin qu'on te parle (il suce son pouce et détourne la tête) ; les animaux domestiques, on les dresse pour qu'ils soient propres mais tes parents n'ont pas dressé leurs animaux et ils font un peu n'importe où. Ils croient que tu as besoin d'être dressé parce que tu fais aussi n'importe où mais ils ne savent pas que c'est parce que tu l'as décidé ; toi, tu n'as pas besoin de te faire dresser par ton père. Tu sais ce que tu as à faire avec ton pipi et ton caca. » Il met une chaise au-dessus de lui et respire sans bruit. À la fin de la séance, il repart debout, très en forme.

J'ai effectivement l'impression qu'à la maison, il est dressé comme les animaux auraient dû l'être mais surtout qu'il recherche de façon provocante ce dressage qui occupe beaucoup son père. Après l'avoir provoqué, il se laisse battre, punir et dominer passivement par son père en y trouvant certainement du plaisir car il essaie de reproduire le même genre de scène à la pouponnière où le contexte est différent. Mes explications sont un peu embarrassées car je ne souhaite pas lui donner les animaux en exemple en lui disant qu'aucun animal ne fait n'importe où ; il n'y a vraiment que les petits humains dont les parents sont trop intéressés par leur pipi-caca qui en arrivent à avoir des problèmes ! Il est évidemment hors de question de mettre en cause les parents : avant trois ans, les parents sont les modèles et en les mettant en cause, c'est l'enfant que l'on disqualifie en tant qu'enfant de ces parents-là. En commentant ce qui se passe sans être affectivement engagée, entre ses parents, les animaux et lui, je tente de donner à Mathias les éléments pour qu'il puisse s'y retrouver dans cette famille, telle qu'elle est.

Quinzième séance

Mathias est accompagné par ses parents qui sont enfin parvenus à retrouver le centre.

Le père trouve qu'il fait des progrès, il reconnaît les couleurs. Il essaye de débarrasser la table et commence à s'habiller tout seul. Ce sera un drôle de gaillard, il sera fort et bagarreur.

La mère raconte une bagarre entre son frère et lui dans la voiture, il a fallu les séparer. « On va le faire baptiser. Comme on n'est pas argenté, c'est ma mère qui paye. Les autres aussi, c'était en retard. (À son mari) : L'aîné, t'as oublié la savonnette et le deuxième, il se déshabillait pour prendre un bain. *(Le baptême est vraiment un jeu pour enfant, payé par la grand-mère, sans aucune dimension religieuse ni symbolique.)* À la maison, Mathias prend les chats, il les habille, leur met des couches. Les animaux se laissent faire. Le vieux Whisky, il lui donne des coups de pied. La grande chienne a été un peu dressée, les autres non. » *(Le mode d'identification paraît changer : Mathias traite les animaux comme des bébés mais se conduit comme un enfant ; par ailleurs, la mère me confirme que seuls les enfants sont dressés... comme des animaux alors que les animaux ne sont pas dressés.)*

Le père : Il fait des colères. Je le maintiens à ma force en parlant mais il faut de l'eau froide pour le calmer.

La mère : Il (le père) a plus de patience que moi sauf quand il se met à être bleu. Mathias va chercher son pot aux toilettes, l'apporte devant la télé et fait pipi et caca quand il y a des émissions sur les animaux (!). *(Mathias continue donc, en apparence comme avant, de satisfaire sa mère dès qu'il rentre à la maison : son bassin est greffé sur le désir de l'adulte ce qui n'est certainement pas sans conséquence sur son identité sexuée alors que son identité tout court est déjà mise à mal. La mère ne paraît pas avoir remarqué ce que Mathias en pense : regarder des animaux le fait littéralement chier...)* Quand il fera beau, on ira au zoo de Vincennes. Le dimanche est réservé à la famille, ils ne veulent plus aller chez la grand-mère.

Je demande au père de me parler de sa propre famille.

Le grand-père paternel était un ouvrier, alcoolique, très violent. Il avait un 22 long rifle. Une fois, il a menacé de tuer tous les enfants (six garçons et trois filles, le père est le sixième enfant). Le père de Mathias a été lui-même placé pendant deux ans à l'âge de huit ans, pour les nerfs.

À seize ans, il a décidé de rester au domicile familial pour protéger sa mère : C'est moi qui maintenais mon père quand il buvait, dit-il, je voyais ma mère pleurer.

(Mathias, assis sur les genoux de sa mère, s'en rapproche.) La famille a éclaté à la mort de mes parents : mon père ça doit faire seize ans et ma mère quinze ans. Y a pas eu de problème d'héritage : les fusils, je les ai vendus et j'ai donné le 22 long rifle à mon beau-frère, celui qui a fait l'Indochine. » *(Dans sa jeunesse, le père de Mathias s'est donné le rôle de maîtriser son propre père pour protéger sa mère. Il a, en quelque sorte, sacrifié sa vie à cette fonction. Avec ses fils, il continue de les maîtriser physiquement, comme s'il n'y avait pas d'autres modes de communication possibles entre père et fils.)*

Mathias se met à parler mais cette fois il nomme des personnes : cal = Pascal, bien = Fabien, Liline = prénom de la mère.

La mère enchaîne : « Lili, Évelyne, je suis toujours restée le bébé de ma mère. Je lui dis, ça m'énerve, c'est pour ça qu'on se dispute beaucoup. Tous les enfants s'appellent “ titi ” mais en grandissant, on leur donne le vrai prénom. Ma mère, elle m'a mijotée dans du coton et elle voudrait que mes enfants, je fasse pareil, moi, je suis pas d'accord. Mon premier, elle l'a eu tout petit et elle l'a mijoté aussi. On n'élève pas les enfants comme dans le temps ; elle me dit : “ Tes enfants tu les élèves comme t'élèves un chien. ” Si je les élevais comme un chien, je serais pas ici à vous parler. L'aîné, il dit qu'il est arriéré. Est-ce que vous me trouvez normale ? »

L'éducation que cette mère donne à ses enfants a pour seul but d'être l'exact contraire de celle qu'elle a reçue. La naissance de Mathias est déjà inscrite dans cette problématique puisqu'elle l'a mis au monde contre l'avis de sa propre mère. « Mijotée dans du coton », elle est convaincue de connaître la source de ses difficultés et voudrait les éviter à ses enfants. Elle élève ses fils comme une meute de chiens, sans même un prénom distinctif, mais cet amour mammifère est ce qu'elle a de mieux à leur offrir. Sa propre mère ne manque pas de lucidité en lui disant qu'elle élève ses enfants comme des chiens et elle ne manque pas d'humour lorsqu'elle me dit : « Si je les élevais comme un chien, je ne serais pas ici à vous parler ! » Mais certains êtres humains ne parlent-ils pas plus facilement et avec plus de cœur à leur animal domestique qu'à leurs enfants ou même aux adultes ? La question de savoir qui est fou dans la famille se déplace puisque le fils aîné dit que la grand-mère est arriérée, mais lui-même est considéré comme arriéré par ses parents, tandis que la mère me demande si je la trouve normale.

Seizième séance

Je me décide enfin à introduire le paiement symbolique en demandant à Mathias de m'apporter un caillou s'il veut continuer à venir parler pour lui. J'aurais certainement pu (et dû) le faire beaucoup plus tôt, par exemple après la première rencontre avec les parents qui autorisaient explicitement Mathias à poursuivre sa cure entreprise à la demande de la pouponnière. Ne l'ayant pas fait, j'ai attendu ce que Françoise Dolto appelle « la seconde naissance [34] » indiquant le passage de l'état de dépendance animale à

---

34. Dolto F., *La Cause des enfants*, Éd. Robert Laffont, 1985, p. 208.

la liberté humaine du oui et du non. Mathias, englué dans son identification animale, a bien failli ne jamais sortir de sa première naissance mammifère. C'est probablement cette crainte qui m'a empêchée d'introduire dès le début le paiement symbolique (crainte qu'il ne veuille pas de la cure aussi) et c'était probablement une erreur : j'ai plus misé sur l'indication de la cure que sur la capacité de Mathias d'y venir pour lui-même, ce qui est symbolisé par le paiement. Rétrospectivement, je suis obligée de considérer que la psychanalyse proprement dite commence après l'introduction du paiement symbolique tandis qu'avant, il n'était question que d'une rencontre.

Dix-septième séance

La maternante signale qu'il fait parfois caca dans sa culotte. Mais elle trouve aussi qu'il fait plein de choses bien et qu'il est épatant ! La kinésithérapie respiratoire est maintenant effectuée par un homme, Mathias ne *bronche* pas.

Lors de cette séance, Mathias est très dynamique, debout sans arrêt, parlant beaucoup. Ce sera une séance « technologique » – comment se servir d'un couteau, d'une paire de ciseaux –, toutes les indications étant données verbalement et non en manipulant moi-même les objets – si l'analyste *fait* au lieu de *dire,* il se substitue, dans la réalité, à la mère ou au père, ce qui n'est pas une position analytique.

J'ai beaucoup de mal à lui faire laisser le caillou qu'il a pensé à apporter. La tonalité de la séance est complètement différente des séances précédentes : pour la première fois, j'ai presque l'impression d'avoir un petit garçon devant moi sans rupture d'un bout à l'autre de la séance.

Dix-huitième séance

La maternante me raconte que depuis deux jours, ça ne va plus du tout. Mathias s'est fait saigner du nez, le kiné l'a « remis un peu en place ». Il n'arrête pas de parler pendant le récit de la maternante comme pour couvrir sa voix. Elle continue sans se laisser interrompre pour me dire que c'est pareil au jardin d'enfants. Il a fait des crises d'opposition, pipi et caca dans sa culotte. Quand elle est venue le chercher à midi et a commencé à marcher avec un autre enfant, Mathias lui a fait une scène de jalousie et s'est remis à saigner. La maternante l'a pris dans les bras, il n'a pas bougé jusqu'au bureau médical ; il a dit « a bobo » puis a appelé sa mère, s'est blotti, cherchant à téter. Il a mangé seul avec sa maternante, s'est endormi assez vite et a été très agité pendant son sommeil.

Il a apporté son paiement symbolique qu'il me remet.

Cette séquence m'a paru assez importante. J'ai imaginé qu'un épisode similaire avait déjà dû se produire très tôt dans la vie de Mathias : il a commencé à ronronner à quelques mois, lorsque les chats ont été exclus de la maison familiale. Il n'en a pas obtenu pour autant les caresses maternelles mais s'est rendu assez malade sur le plan pulmonaire. Il a dû éprouver un fort sentiment de jalousie vis-à-vis des chats, allant jusqu'à la détresse totale. À cette époque, il n'a pu ni se consoler, ni se faire consoler et souvenons-nous que cette détresse s'était déjà produite lors de la deuxième séance d'analyse et qu'il n'avait pu accepter de se faire consoler.

La séquence que me rapporte la maternante illustre le passé et l'évolution de Mathias : il s'agit de surmonter un problème de jalousie vis-à-vis d'un autre enfant de la même classe d'âge que lui. En se blessant, en s'opposant, en redevenant momentanément bébé, il obtient cette fois d'avoir sa maternante pour lui tout seul, de se faire consoler et de se consoler, toutes choses qu'il n'a jamais pu obtenir avec sa mère. Pendant que la maternante me rapporte cet épisode, il est très content de lui, très bavard et en partant, il refuse que la maternante l'aide. Il part d'un bon pas. Il me donne l'impression de s'être autorisé à revivre un épisode douloureux de sa petite enfance mais en l'ayant surmonté de façon positive, c'est-à-dire en y ayant puisé des forces pour l'avenir.

Ses parents ont maintenant le droit de le garder tout le week-end une fois par mois tandis que nous arrivons à la période des grandes vacances.

Dix-neuvième séance (après les grandes vacances)

Dans l'ensemble, la maternante me dit que ça va mieux et que les vacances se sont bien passées. Quand il est contrarié, comme il y a trois semaines, il fait pipi et caca sur lui. Pendant les vacances, le père a trouvé que ça avait été plus difficile que d'habitude. Le père a même menacé de lui barbouiller le visage de caca comme il l'a déjà fait à ses deux frères (!).

Mathias n'a pas pensé à son paiement symbolique (il n'est pas venu depuis deux mois...) mais veut sa séance. Quand je demande à la maternante si elle veut bien l'attendre dans la salle d'attente (ayant complètement oublié qu'il n'était jamais resté seul parce que j'avais l'impression ce jour-là qu'il en était capable), il ne peut le supporter, hurle, se couche par terre dans le couloir en ronronnant et en suçant son pouce. Je lui dis que je croyais qu'il savait qu'il reverrait sa maternante même lorsqu'elle s'éloignait de lui mais que quand il était bébé, il ne devait pas savoir s'il reverrait sa mère quand elle le quittait. Il se calme immédiatement, reprend son autonomie, descend l'escalier, probablement pour vérifier si sa maternante est toujours là, puis remonte tout seul dans mon bureau chercher ses chaussures qu'il avait enlevées. Il les remet tranquillement avant de me dire au revoir et de repartir. Je lui dis que je vais demander à ses parents de venir me voir. Il me fait signe qu'il approuve.

Lors de cette séance, j'ai été assez surprise qu'il ne puisse supporter l'absence de sa maternante que je lui ai imposée comme allant de soi. Cela a entraîné un mouvement d'angoisse et de régression à une époque où il n'était pas défusionné de sa mère, ni de la mère de remplacement qu'est la maternante. Je n'ai pas du tout tenu compte du fait qu'il s'agissait d'une séance « de retrouvailles » survenant après deux mois de séparation d'avec moi et j'ai probablement sous-estimé sa fragilité par rapport à la répétition de la séparation. Mais il ne s'en est, somme toute, pas si mal tiré.

Vingtième séance

Mathias vient tout seul dès qu'il m'aperçoit, monte énergiquement l'escalier en passant devant moi, en alternant les pieds, sans tenir la rampe ni faire le moindre signe à sa maternante. Il est non seulement capable de venir seul mais c'est lui qui le décide. Les parents devraient être là ; après une petite enquête, nous nous rendons compte que le père est allé à la pouponnière au lieu de venir au centre à l'heure de notre rendez-vous !

Mathias dessine sans commentaire, découpe son dessin puis va passer toute sa séance à retirer de la pâte à modeler collée à l'intérieur d'une petite voiture ambulance qui s'ouvre par la porte arrière avec un couteau et des ciseaux qu'il fait pénétrer en force avec un plaisir non dissimulé. Je commente ce qu'il fait mais n'en dis pas plus : il me semble être question du caca que lui extorque sa mère dès qu'il arrive chez lui ; je n'en suis pas absolument sûre et cela ne me paraît pas appeler d'interprétation plus explicite. En partant, Mathias me dit : « J'ai apporté mon caillou » et va le déposer directement dans le tiroir de mon bureau.

Vingt et unième séance

Le père est là, sans la mère. Il trouve Mathias très bien, pas trop de chamaille. Il y a plus de rapprochement avec l'aîné, me dit-il, car le second est « à part ».

Tout en me parlant, le père vide le biberon empli de morceaux de pâte à modeler, à la demande de Mathias (à la dernière séance, c'est Mathias qui vidait la petite voiture par-derrière). « Dans ma famille – ajoute le père – c'est le huitième qui était en difficulté, il avait besoin qu'on s'occupe plus de lui. Dans la famille de ma femme, ils sont que deux, elle voit pas la différence. Y a plus de problème de propreté. Quand il demande, il faut faire vite. – Et il ajoute : Ma vie elle est foutue, j'ai plus mon permis (son permis de conduire lui a été retiré pour excès de vitesse). Ça me fait rien, quand j'aurai mon permis, j'irai dans le M. (nom de région). On m'a cambriolé mon " playmobil " (au lieu de mobil-home). » Le père, qui me paraît avoir une piètre opinion de lui et bien peu de confiance en son avenir, va ensuite attendre Mathias dans la salle d'attente.

« Est-ce que tu as pensé à ton caillou ? » Mathias ne répond pas. Il met de la pâte à modeler dans la tasse, la ressort en s'aidant du couteau, en fait tomber, descend de sa chaise la ramasser et reste troublé par la vue d'une tétine « y a un trou », la pâte à modeler ne passe pas par la tétine. Il devient très volubile, actif, nomme toutes les couleurs des feutres...

Vingt-deuxième séance (deux ans et neuf mois)

Il a apporté son caillou posé négligemment sur la table. Il explore, parle, nomme les couleurs, dessine. La maternante l'a accompagnée pour me signaler qu'il baisse sa culotte lorsqu'il n'est pas content. Il ne veut plus de coussin pour le rehausser sur la chaise, alors qu'en fait il est encore un peu petit du point de vue de la taille. Il agit avec ce coussin comme avec les couches, son désir précédant ses capacités physiologiques. Il se sert à bon escient d'instruments et épingle sa carte de rendez-vous sur le tableau en liège.

Vingt-troisième séance

Mathias a apporté son paiement symbolique qu'il montre dès le début de la séance. Un après-midi, pendant la sieste, il a fait caca et en a mis sur le lit des copains, puis il a voulu nettoyer. Il était tout sale. Il ne voulait pas de couche pour la sieste. La maternante lui a parlé et il a fait pipi par terre puis il a pris la serpillière pour essuyer tout seul. Elle sort après ce récit qu'elle tenait visiblement à me faire.

Séance très active et volubile. Avec la pâte à modeler, il essaye d'éviter les mélanges de couleur. Un camion, un petit lapin, on passe, on passe, on passe sur le pont. Je rappelle que son papa a un camion (le « playmobil » qui a été cambriolé). La pâte à modeler bleue, c'est la poule puis c'est le coq. C'est un avion, on roule, on roule, on roule et il tombe par terre. Il a acquis la notion de « pareil » avec deux feutres de la même couleur.

Vingt-quatrième séance

Il a oublié son caillou. Il refait pipi dans sa culotte une fois par jour. Il monte difficilement dans mon bureau tout en affirmant qu'il veut sa séance et respire bruyamment. Il n'enlève pas son anorak. Il met toute la pâte à modeler, tous les feutres et les chaises par terre et se met au coin puis jette violemment de la pâte à modeler contre la porte. Je ne comprends pas très bien le sens de son comportement depuis déjà plusieurs séances. Ses expériences avec son pipi et son caca occupent énormément ses parents mais aussi les maternantes. Les réactions très diverses voire contradictoires qu'il suscite selon le lieu où il se trouve, m'entraînent à lui expliquer que les règles peuvent être différentes selon l'endroit et les personnes : chez lui, à la pouponnière, ici, les règles ne sont pas les mêmes, il doit les connaître et peut s'y adapter.

Vingt-cinquième séance

Il vient volontiers, les mains pleines de feutres pris dans la salle d'attente. Il n'a volontairement pas apporté son paiement symbolique. Je vais très rapidement interrompre cette séance sans paiement symbolique après l'avoir félicité d'être capable de dire si clairement qu'il ne veut pas de sa séance aujourd'hui. Il sort dignement. Dans la salle d'attente, la maternante me dit qu'il a pensé à son caillou mais l'a perdu. Je lui dis alors qu'aujourd'hui c'est la partie de lui qui ne voulait pas de sa séance qui l'a emportée.

Vingt-sixième séance

La maternante me signale que depuis trois mois, quand il est contrarié, il se déshabille et crache (alors qu'auparavant il faisait pipi et caca là où il était), ce qui devient gênant car les autres enfants trouvent cela très bien et se mettent à faire la même chose. Son père ne supporte pas qu'il se déshabille (pas plus qu'il ne supportait sa saleté).

Il a oublié son caillou mais veut sa séance. Il parle beaucoup, commente tout ce qu'il fait, introduit les catégories du gros, du petit, du même, nomme les oiseaux qu'il connaît (le corbeau, la mouette), etc.

Vingt-septième séance

Je le trouve couché sur le dos dans la salle d'attente avec son caillou à côté de lui, crachant sur un dessin. Il vient en soufflant dans le bec d'une théière (jouet). Il « écrit » en mettant ses mains sales dans sa bouche et en les passant sur le mur. Il ne dit pas un mot pendant toute la séance, sa bouche est ouverte et sa langue sortie comme lors des premiers entretiens. Il met une chaise devant la porte, s'approche de moi en passant sous la chaise. Il a enlevé une de ses chaussures et l'a remise en se tenant assis puis balance la chaise au-dessus de lui. Il finit par se faire mal à la main sans se plaindre. À la fin de la séance, il veut rester (si la chaise pouvait rester devant la porte, on n'aurait pas besoin de se quitter). Il se relève, s'assied, dessine, parle. Il me donne l'impression d'avoir changé d'âge entre la première et la seconde partie de la séance, reprenant une fois encore les moyens d'expression de l'âge où la rupture s'est produite et retrouvant son âge réel en fin de séance.

Vingt-huitième séance

C'est ce que j'appellerai une séance « garçon » par opposition aux séances « animal » du début. Il est vivant, dynamique, tout l'intéresse surtout les acquisitions de connaissances verbales, technologiques, etc. À la fin je lui demande son caillou, il me dit qu'il veut venir mais ne veut pas apporter de caillou ! Or, c'est ce qui se passait avant que je n'introduise le paiement symbolique. Je lui explique que ce n'est plus possible car ce serait autre chose que des séances de psychanalyse. Si, au début de notre relation, il n'apportait pas de caillou, c'est parce que je n'avais pas osé le lui demander pensant qu'il était trop petit, mais j'aurais dû le faire. À la fin, il range toutes les affaires dont il s'est servi et part.

Vingt-neuvième séance

Mathias n'est pas là car il y a eu une confusion de rendez-vous au niveau de la pouponnière. Dommage ! Sont venus le référent du groupement [35] et l'assistante sociale. Ils envisagent un placement familial pour Mathias comme pour le frère aîné mais pas dans la

35. Depuis 1983, l'ASE a été décentralisée. Chaque département est découpé en secteurs, chaque secteur constitue une entité administrative et sociale appelée « groupement de circonscription ». Chaque groupement est dirigé par un inspecteur tandis que le personnel est composé de travailleurs sociaux, d'un psychologue et d'une secrétaire. Au sein du groupement, la personne responsable du dossier de l'enfant est pour lui le « référent ».

même famille. Ils pensent que cela risque d'être un coup dur pour les parents.

Par rapport au groupement qui gère les intérêts de l'enfant, il est absolument indispensable, pour rester psychanalyste (et non psychologue ou éducateur), de s'abstenir de toute intervention dans la réalité de la vie de l'enfant, quelles que soient ces décisions, ce qui est parfois assez frustrant !

Trentième séance

Mathias est parti à la montagne avec d'autres enfants de la pouponnière et tout s'est très bien passé. Il n'a pas apporté son caillou. Il colorie en violet les vitres d'un camion mobil-home. Il se passe des choses secrètes dans ce camion : probablement s'agit-il d'une allusion au camion de son père où celui-ci va avec sa mère. Il va beaucoup parler et terminer en disant que « c'est fini ». Je lui dis que je suis d'accord avec lui que « c'est fini » et qu'il est tout à fait capable maintenant de grandir tout seul, en garçon. Je suis tout à fait décidée à interrompre cette cure au point où elle en est s'il n'apporte pas son paiement symbolique. Sans caillou, il n'est plus en situation d'analyse ; il veut bien être écouté, mais dans un transfert de séduction qui érotise sa relation avec moi, ce que je ne peux laisser faire. Mathias est en âge d'aborder le conflit œdipien, mais avec ses parents, pas avec moi.

J'écris aux parents pour leur demander de venir me voir et conclure.

Trente et unième séance

Mathias vient avec son père et sa mère pour ce dernier entretien. Il s'installe sur le bout des genoux de sa mère, va s'adresser à elle tout au long de la séance. Il est tout à fait vivant et présent et, sans véritablement m'ignorer, il ne s'adressera pas à moi sauf pour me dire au revoir, preuve qu'il a bien sa place entre ses deux parents tels qu'ils sont mais aussi certainement les moyens de « faire avec » sans y laisser son intégrité corporelle et psychique.

La mère le trouve « très bien ; il donne des leçons à son frère (pour apprendre à parler bien) ; d'ailleurs il parle tout le temps, mais pas au téléphone. En attendant le pavillon, il va aller dans une famille d'accueil *(la décision du groupement a donc été plutôt bien acceptée).* Il mange très bien, il se tient bien à table, même au restaurant. Quand il est parti à la montagne, il a dit : le chalet c'est pour papa et maman. Quand il revient à la maison, la première chose c'est les chats. La tortue, il en a peur quand elle sort la tête *(je dis qu'elle au moins, elle a une maison pour elle !).* La chienne a mangé un chat (!), mais on lui en a gardé un. Maintenant, il sait bien ce qu'il veut : il veut être docteur pour les chats et pour les chiens ! ».

Pendant ce temps, Mathias joue avec la pâte à modeler et donne à sa mère « un petit bébé ». Et *la mère* enchaîne : « Même pendant qu'il était dans mon ventre, il savait ce qu'il voulait. Il bougeait beaucoup, ça me fatiguait, la sage-femme a dit au père : “ Il faut parler sec. ” Dès qu'il entendait la voix de son père, il s'arrêtait de bouger. »

Mathias montre à sa mère deux taille-crayons identiques en lui disant : « C'est le même. »

Le père : « Ils sont tous les trois très turbulents. Ensemble, c'est trop. On prend une fois Mathias, une fois son frère, ça va. Je voudrais bien que vous voyiez le deuxième pour le développer comme Mathias. Mais on a failli pas trouver, je sais pas comment on pourrait revenir, déjà une fois on s'est perdu... »

Mathias montre à sa mère deux feutres bleus en disant : c'est le même bleu mais pas tout à fait... comme s'il insistait pour lui prouver sa connaissance des catégories : les taille-crayons sont identiques, les deux feutres se ressemblent comme des frères. Et un petit garçon n'appartient pas à la même catégorie qu'un petit animal et un fils n'est pas non plus comme un mari par rapport à la mère...

Mathias est venu de un an cinq mois à trois ans deux mois soit pendant presque deux ans.

La décision de placer Mathias en pouponnière et de le séparer partiellement de son milieu familial n'était pas idéale mais, à l'époque, les services sociaux n'ont pas trouvé mieux. La capacité du personnel de la pouponnière d'observer sans *a priori* et de comprendre que les troubles respiratoires n'étaient pas qu'un symptôme médical mais la manifestation d'une souffrance psychique a permis à Mathias de venir à ma consultation.

Avoir comme projet de changer de genre et entreprendre de le mettre à exécution ne peut cependant être qu'un projet humain. Seul l'être humain, quel que soit son âge, a cette capacité de prendre en compte l'histoire familiale et de se charger d'une telle souffrance.

Pour consoler sa mère et obtenir sa tendresse, Mathias, à quelques mois, tente de devenir chat avec toute la souffrance physique que cela implique et toute la souffrance psychique de l'échec d'une tentative aussi bouleversante. Tandis qu'à la pouponnière, on essaye de le comprendre, Mathias pourra tenter diverses opérations identificatoires – renonçant à être un chat, il traitera les animaux comme des bébés, renversant son projet initial : ce n'est plus à lui de devenir comme eux mais à eux de devenir comme lui. À l'étape suivante, il envisage de devenir « docteur pour les chats et pour les chiens ». Or, des docteurs, il en a déjà beaucoup fréquenté ! Ce métier le laisserait en contact avec les animaux, donc avec ses parents mais dans une position de toute-puissance qu'il a peut-être rêvé d'exercer chez lui, à l'hôpital ou à la pouponnière. On voit d'où peuvent naître certaines vocations...

Sa position par rapport à sa mère a aussi bien changé : ayant une mère-minou, il a rivalisé sans succès avec les minous-à-maman. Cet échec aurait pu le détruire mais, au prix d'un abandon partiel d'une partie de son corps (celle qui fait pipi et caca) au désir de l'adulte, il est, à trois ans, le fils d'une mère à qui il peut offrir « un petit bébé », rivaliser avec un père qui a lui-même beaucoup de peine à s'imposer et surtout à ne pas se perdre, mais à qui la mère reconnaît une autorité dès la vie fœtale, ce qui n'est, somme toute, pas si courant.

Mathias a parfaitement intégré, peut-être grâce à la notion du « même » et du « pas tout à fait le même », que les règles sont différentes selon le contexte et s'adaptera probablement bien dans une famille d'accueil, sous réserve que l'on continue à lui parler et à maintenir les liens familiaux.

La durée de son séjour à la pouponnière (plus de deux ans) peut paraître incroyablement longue mais, dans ce cas particulier, l'absence de rupture de contact entre Mathias et sa famille, l'absence de violence dans les décisions qui ont été longuement négociées, l'absence de changement dans la situation matérielle des parents qui espèrent toujours « un pavillon », l'équilibre qui s'est instauré dans la famille, les trois garçons ne pouvant y séjourner tous ensemble sous peine d'explosion de violence, rendent ce long séjour thérapeutique.

Sans tenter de masquer mes maladresses et mes incompréhensions, j'ai voulu montrer la difficulté de la *pratique* analytique alors qu'il est toujours assez facile, après coup, de théoriser sur la dynamique de l'inconscient ou sur la position de l'analyste. Comme il est matériellement impossible de raconter une cure *in extenso,* j'ai pris garde de ne pas sélectionner ce qui me mettrait en valeur... Si le psychanalyste ne peut se substituer aux parents d'un enfant dans la réalité, il ne doit pas non plus se faire considérer comme un magicien ! Il m'a semblé qu'il n'était pas inutile de montrer que même, et peut-être surtout, un analyste doit être capable de dire à un enfant (et aux lecteurs) qu'il n'est pas infaillible. Les cures avec les petits enfants sont parfois spectaculaires car elles les sortent d'une impasse mettant en jeu leur vie relationnelle, symbolique et corporelle. Elles n'en restent pas moins une parenthèse dans une vie : nul ne peut prédire de quelle façon ces enfants surmonteront les épreuves de leur vie future.

Chapitre 4

L'attente de l'abandon

> *« Tu as eu un père, puisse ton fils en dire autant. »*
> William Shakespeare, *Sonnet 13*

> *« Si la vérité est trop forte, on la vomit. »*
> Julien Green

Cent quinze mille enfants relèvent actuellement des services de l'Aide sociale à l'enfance à qui ils sont confiés par leurs parents (quarante-sept mille) ou par décision de justice (soixante-huit mille)[36]. Parmi ces enfants, 20 %, soit vingt-trois mille, sont abandonnés *de fait* par leur famille naturelle avec qui les relations sont quasi inexistantes. Ils ne sont que sept mille sept cents à être juridiquement adoptables et sont loin d'être tous adoptés. Ceux qui sont abandonnés vivent des situations tragiques, non parce qu'ils sont placés, ni même du fait de l'abandon, qu'ils peuvent surmonter s'ils y sont aidés, ni de ne pas être adoptés car l'adoption n'est pas l'unique solution, mais parce qu'ils sont dans une incertitude cruelle et dévastatrice pour leur énergie vitale, quant à leur statut et à leur devenir.

---

36. Rapport du Conseil économique et social, 26 septembre 1990.

Les effets de cette attente sont mal connus, sauf par ceux qui vivent quotidiennement au contact de ces enfants. On en est encore à s'émerveiller de « l'explosion des acquisitions » d'un enfant arrivant dans sa famille adoptive (ou dans sa famille d'accueil) alors que l'on devrait plutôt s'inquiéter et considérer comme une urgence thérapeutique et sociale le fait que ces enfants abandonnés « s'abandonnent » au point de s'empêcher physiquement de grandir même quand ils osent, malgré la peur et la déception, maintenir une vie relationnelle (ce qui n'est pas toujours le cas).

J'ai mis, moi-même, un certain temps avant de prendre la mesure des ravages de l'attente et de l'incertitude, pour différentes raisons : d'abord parce que je tiens en haute estime les professionnels qui m'adressent ces enfants et que je n'avais, *a priori,* aucune raison de penser (même si cette attitude peut paraître naïve) que l'Aide sociale à l'enfance ou la justice n'appliquent pas les lois concernant les droits et les intérêts des enfants. N'ayant pas de formation juridique particulière, j'ai appris « sur le tas », afin de pouvoir l'expliquer aux enfants que l'on me confiait, ce que signifient en droit le terme d'« abandon », l'article 350, une naissance sous X, un conseil de famille, une adoption plénière, etc. Une autre raison, plus profonde, m'a empêchée de suivre attentivement le détail des procédures. Bien que n'ayant aucun mépris pour la psychothérapie qui donne des interprétations en rapport avec la vie *actuelle* de l'enfant (et qu'il m'arrive de pratiquer), je pense que la psychanalyse d'enfant ne traite nullement de l'actualité mais de ce qui a précédé la vie présente de l'enfant, aussi jeune soit-il [37]. J'écoutais donc les informations que m'apportaient les maternantes essentiellement en fonction de ce que cela pouvait signifier ou réveiller dans l'histoire passée de chaque enfant et, d'une certaine manière, je « subissais » les retards ou les incohérences de procédure *avec* l'enfant en fonction de ce que lui-même pouvait en exprimer. Être psychanalyste implique de ne pas se mêler, quelles que soient les pressions familiales ou éducatives, de la réalité des relations de l'enfant avec son entourage. Dans le travail avec la pouponnière, ces pressions sont minimes car le psychanalyste est respecté dans sa fonction.

Il me semble aussi que la plus grande responsabilité que l'on puisse exercer vis-à-vis d'un enfant est d'*assumer sa position.* Il est donc exclu pour moi d'intervenir directement en prenant contact avec tel ou tel membre de l'administration (certains analystes ressentent cela comme une frustration et passent outre alors qu'il s'agit d'une castration à assumer).

Il m'a fallu le temps de mener à terme plusieurs psychanalyses pour me rendre compte que certains troubles que continuaient de présenter les enfants étaient directement liés à l'incertitude concernant leur avenir, aux absences de décision concernant leur statut, pouvant par exemple leur laisser croire, contre toute évidence, qu'ils retrouveraient les parents dont ils s'efforçaient depuis des mois de faire le deuil pour se préparer à vivre leur vie autrement. Pour avoir suivi pendant des mois voire des années, avec les enfants et dans la même impuissance qu'eux, les négligences ou l'indifférence des tribunaux (à moins qu'il ne s'agisse

37. Dolto F., *Lettres de l'école freudienne de Paris*, n° 20, mars 77.

d'une obstination idéologique à considérer, quel que soit le contexte, qu'un enfant n'est jamais mieux que chez ses parents biologiques), je ne pense pas que la meilleure attitude soit de ne rien en dire même si, dans le quotidien de ma pratique, je m'efforce de ne pas sortir de mon rôle. Si le psychanalyste revendique une place dans le social, ce n'est pas en intervenant directement au nom ou à la place de tel enfant, mais en témoignant, lorsqu'il le peut, des effets du social sur ses patients. Il m'apparaît qu'en ne témoignant pas, je suis complice de ces pratiques : il est déjà grave que les parents soient défaillants mais les enfants ont des possibilités immenses de s'en arranger surtout si on les y aide. En revanche, les négligences voire les défaillances des institutions et de la justice ne peuvent être acceptées : avec un enfant surtout avant six ans, aucune réparation, ni dans la réalité ni dans le symbolique, n'est possible lorsqu'il s'agit de la justice du pays où il est né et qui s'est donné pour mission de le protéger, même envers ses parents.

Je ne sais pas si les lois protégeant les mineurs doivent être modifiées, mais je suis sûre que leur application rigoureuse *en termes de délais* serait extrêmement bénéfique : les jours, les mois, souvent les années, ne sont pas les mêmes pour les adultes et pour les enfants. Dans une même classe d'âge, la durée n'a pas non plus la même signification pour un enfant vivant dans la sécurité de sa famille et pour celui qui est en attente de pouvoir nouer des liens d'amour assurant non pas sa survie mais sa vie. Lorsque certaines acquisitions, notamment le langage, ne se font pas à l'époque où elles doivent se faire, il arrive que ce soit irréversible. Même lorsque les conditions de vie sont correctes (matériellement et affectivement), l'insécurité quant au lendemain rend impossible un développement harmonieux et est une source constante d'angoisse, de désespoir, de rage d'impuissance. Les enfants élevés en famille d'accueil ou dans des institutions peuvent s'y épanouir s'ils savent qu'ils y resteront. L'angoisse de la rupture de lien avant qu'un lien stable se soit jamais établi fragilise ces enfants pour leur vie entière.

Pour qu'un mineur puisse être adopté, il faut : que ses parents ou le conseil de famille [38] aient consenti à l'adoption ; ou qu'il soit pupille de l'État ; ou qu'il ait été déclaré abandonné par décision judiciaire (art. 350 du Code civil [39]) si ses parents se sont désintéressés de lui pendant un an. « Sont considérés comme s'étant manifestement désintéressés de leur enfant, les parents qui n'ont pas entretenu avec lui les relations nécessaires au maintien de liens affectifs », dit le fameux article 350. Une carte postale de temps à autre, l'envoi d'une somme d'argent ou un coup de téléphone ne suffisent donc plus pour considérer qu'il y aurait « maintien de liens affectifs ». Le législateur va même

---

38. Le conseil de famille est composé de la façon suivante (Code de la famille art. 60) :
– des représentants du conseil général désignés par cette assemblée, sur proposition de son président ;
– des membres d'associations à caractère familial (...) choisis par le représentant de l'État dans le département sur des listes de présentation établies par lesdites associations ;
– des personnalités qualifiées désignées par le représentant de l'État dans le département.
La durée du mandat est de trois ans. Il est renouvelable une fois.

39. Art. 350 du Code civil : L'enfant recueilli par un particulier, une œuvre privée ou un service de l'Aide sociale à l'enfance, dont les parents se sont manifestement désintéressés pendant *l'année qui précède l'introduction de la demande en déclaration d'abandon,* peut être déclaré abandonné par le tribunal de grande instance. (...)

plus loin : « La simple rétractation du consentement à l'adoption ou l'intention exprimée mais non suivie d'effet de reprendre l'enfant n'est pas une marque d'intérêt suffisante pour modifier de plein droit le rejet d'une demande en déclaration d'abandon. »

Actuellement, les enfants nés « sous X » doivent attendre trois mois avant de devenir pupilles de l'État et de pouvoir être adoptés, délai accordé, dans l'esprit du législateur, aux parents qui souhaiteraient revenir sur leur décision, surtout s'ils ont subi des pressions. Dans ce cas précis, il ne s'agit pas d'un « abandon » au sens juridique mais d'une disposition offerte aux femmes qui souhaitent faire adopter l'enfant tout en maintenant l'anonymat sur leur identité. Est-il souhaitable que les parents puissent revenir sur cette décision ? Peut-on envisager qu'une décision d'une telle gravité soit immédiatement irréversible ? Si j'en crois mon expérience, à chaque fois que la mère a usé de ce délai de réflexion pour reconnaître l'enfant, elle n'a pu s'en occuper et l'a abandonné pour de bon, mais une enquête à une plus large échelle serait nécessaire pour donner un avis pertinent. Catherine Bonnet [40] a eu l'immense mérite de faire sortir de l'ombre et d'écouter ces femmes qui accouchent sous X. Tenant compte de ce qu'elles disent, elle milite pour que ces nouveau-nés puissent être adoptés dès la naissance : ces femmes qui, pour des raisons personnelles dramatiques, savent qu'elles ne pourront élever cet enfant qu'au risque de mettre sa vie en danger, aime-

40. Bonnet C., *Geste d'amour, L'accouchement sous X.* Éd. Odile Jacob, 1990.

raient le savoir le plus rapidement possible en sécurité dans une famille adoptive.

Mais leur souhait, aussi respectable soit-il, n'est à réaliser que s'il est dans l'intérêt de l'enfant. L'est-il ? Si la pouponnière ou les associations qui servent d'intermédiaire avant l'adoption ne sont qu'un simple dépôt où l'on n'assure que les soins matériels, il est certainement préférable que le nourrisson aille directement dans sa future famille adoptive. Mais même si cela était possible, un travail serait à faire dans les maternités et auprès des familles adoptives pour accueillir et informer ce nourrisson des conditions de sa naissance, de son statut et de ce que sa mère a choisi de lui transmettre, l'anonymat ne portant que sur son identité [41]. Les familles adoptives, aussi aimantes et compétentes soient-elles, ne peuvent faire que la séparation n'ait pas eu lieu. Même si elles éprouvent de la reconnaissance pour ces femmes, grâce à qui elles ont pu fonder ou élargir leur famille, l'enfant, lui, devra faire le deuil de ses géniteurs.

N'est-il pas préférable que ce deuil se fasse au moment où il doit se faire, en étant accompagné par des personnes assurant un maternage d'excellente qualité et surtout mettant en mots ce que l'enfant a à vivre et à ressentir tout en l'assurant que si sa mère génitrice ne vient pas le chercher, une famille adoptive se prépare déjà à l'accueillir. Vous avez pu constater pour Fleur, Zoé, Olivier [42] et bien d'autres, que ce

41. Ce qui se fait déjà dans les maternités sensibilisées à ce genre de problèmes, en particulier à l'hôpital Antoine Béclère à Clamart, Service de Mr le Pr Frydman, psychanalyste Myriam Szejer.

42. Cf. chapitre 1.

passage dans ce que l'on pourrait appeler un espace transitionnel peut être tout à fait thérapeutique.

Si à trois mois et un jour, l'enfant rencontrait sa famille adoptive après avoir été traité comme il convient, je crois qu'il n'y aurait rien à redire. Mais que cet enfant ait le malheur d'avoir trois mois en juillet et le conseil de famille ne se réunira pas avant septembre (vacances obligent !). L'enfant aura déjà six mois, ce qui n'est plus du tout pareil ! Que le conseil de famille, élu pour trois ans, soit au terme de son mandat et se renouvelle à ce moment-là et c'est encore du temps perdu « pour se mettre au courant ». Si l'enfant a une petite maladie ou même une maladie plus grave, on en attendra la guérison, alors qu'il s'agit du signe même qu'il s'épuise et a besoin de nouer des liens stables pour guérir. L'Aide sociale à l'enfance n'est pas un magasin de jouets où l'on ne présenterait que des enfants beaux, blancs, jeunes et en bonne santé ! Quant aux nouveau-nés séropositifs dont les tests se négativent, il semble que les conseils de famille soient plus prudents et attentistes que les spécialistes, peut-être faute d'informations, alors que les familles adoptantes seront de toute façon informées. Les représentants des institutions qui ont promu ou qui appliquent les droits des enfants devraient être les premiers à tenir leurs engagements, notamment en termes de délai, vis-à-vis de ces derniers et il me paraît regrettable que la Convention internationale des droits de l'enfant n'en dise rien car, malheureusement, cela ne va pas de soi.

Pour les enfants qui ont été légalement reconnus, l'hésitation ou l'indécision des parents naturels à confier leur enfant à une famille adoptive est loin d'expliquer les mois voire les années d'attente que subissent des enfants déjà fragilisés par une séparation suivie d'un abandon effectif sinon légalisé.

On pourrait penser, puisque les textes de loi le disent, qu'après un an maximum de « désintérêt », le sort de l'enfant, quel qu'il soit, est fixé. En pratique, il n'en est rien, puisque la majorité des enfants actuellement adoptables ont plus de douze ans alors que 60 % d'entre eux ont été admis à l'ASE avant l'âge de trois ans [43] !

Que se passe-t-il et quelles sont les conséquences d'une attente interminable pour les enfants ?

(Les deux exemples qui suivent sont des fragments d'observation centrés principalement sur l'histoire factuelle et les effets sur les enfants de leur parcours juridique.)

Angèle

Angèle est née dans la banlieue parisienne, enfant légitime d'un couple d'une vingtaine d'années de nationalité étrangère. Elle est arrivée à la pouponnière à treize mois.

Il semble qu'à la sortie de la maternité, la mère se soit retrouvée seule, sans son mari et sans papiers. Elle aurait alors été hébergée par une amie, proba-

43. Gorny V., *Priorité aux enfants, un nouveau pouvoir*. Les guides Société Hachette, 1991.

blement dans un squat. Neuf mois plus tard, ladite amie se présente au service social pour demander qu'on s'occupe d'Angèle, affirmant que sa mère a été expulsée de France quand Angèle avait deux mois en lui confiant l'enfant. Après ce premier contact, cette dame ne se manifeste plus et le service social la perd de vue car elle ne se rend pas aux rendez-vous proposés.

Trois mois plus tard (Angèle a alors un an) une autre « amie » se présente au service social disant qu'Angèle lui a été confiée par la première dame. Elle dit aussi qu'elle connaît le père, qui vivrait en région parisienne.

Un signalement est adressé par le service social au tribunal pour enfants. Un mois plus tard, le juge confie Angèle à l'Aide sociale à l'enfance par ordonnance de placement provisoire : les parents sont introuvables et « l'amie » est expulsée du squat où elle vivait.

Angèle arrive donc à la pouponnière à treize mois, n'ayant jamais vu son père ni revu sa mère depuis l'âge de deux mois, en bon état physique mais n'ayant manifestement jamais été stimulée : elle ne sait ni se déplacer, ni tenir son biberon, ni saisir un objet et encore moins jouer. Au bout de quinze jours, elle présente une dégringolade physique assez impressionnante (diarrhée, vomissements, perte de poids), qui dure trois semaines puis elle récupère progressivement bien qu'elle paraisse toujours perdue, donnant l'impression de ne rien comprendre à ce qui lui arrive. « L'amie » est venue prendre de ses nouvelles mais ne l'a pas vue tandis qu'au même moment la petite voisine d'Angèle a revu sa mère : Angèle refait caca dans sa culotte, se renferme et pleure pendant plusieurs jours.

La machine judiciaire suivant son cours, le commissariat de police est chargé de retrouver les parents. Huit mois s'écoulent avant que le service de l'ASE soit informé que l'on ne trouve aucune trace officielle de l'expulsion de la mère hors de France. Quant au père, il a eu des problèmes d'ordre pénal avec la justice française, mais comme il a bénéficié d'une amnistie, les services de police perdent sa trace. Les parents se trouvent dans l'un des cas d'incapacité prévus par l'article 373 du Code civil [44]. Angèle a alors vingt et un mois ; le délai d'un an au cours duquel les parents auraient pu se manifester est largement dépassé. Cependant l'ASE, au lieu de faire entériner l'abandon afin qu'Angèle puisse être adoptée, sollicite auprès du tribunal d'instance, l'organisation d'une tutelle d'État [45]. Le tribunal entérine cette demande et trois mois plus tard, la tutelle d'Angèle est déférée à l'État, ce qui signifie, en clair, qu'elle n'est pas adoptable : l'ASE est son tuteur légal et décide de la laisser à la pouponnière en attendant... quoi au juste ?

Lorsque Angèle a vingt-six mois, la sous-préfecture informe l'ASE que la mère est repartie de son plein gré dans son pays d'origine (elle n'avait donc jamais été expulsée et la sous-préfecture tient son information concernant le départ de la mère de la police des aéroports). Une demande de recherche est adressée au ministère des Affaires étrangères. Trois mois plus

44. Art. 373. Perd l'exercice de l'autorité parentale ou en est provisoirement privé celui des père et mère qui se trouve dans l'un des cas suivants :

1. S'il est hors d'état de manifester sa volonté, en raison de son incapacité, de son absence, de son éloignement ou de toute autre cause ; (...)

45. Art. 373-4 : S'il ne reste plus ni père ni mère en état d'exercer l'autorité parentale, il y aura lieu à l'ouverture d'une tutelle.

tard, l'ambassade de France fait savoir qu'il n'est pas possible d'entreprendre les recherches demandées car l'adresse est insuffisamment détaillée. Quant au père, il a été informé de l'endroit où se trouve sa fille par « l'amie » mais n'a jamais donné signe de vie alors que sa fille est à la pouponnière depuis treize mois...

Probablement convaincu (après vingt-quatre mois d'abandon effectif) qu'Angèle ne retrouvera jamais ses parents biologiques, l'ASE, en sa qualité de tuteur, demande alors au juge des tutelles la réunion d'un conseil de famille afin d'obtenir un consentement à l'adoption. La loi étant ce qu'elle est, le magistrat rejette cette demande au motif que la tutelle d'État ne comporte pas de conseil de famille [46] ! Toute la procédure en vue d'une adoption est donc à reprendre au plus vite. Or, l'ASE attend *six mois* pour requérir une demande en déclaration d'abandon (cette mesure permet de déléguer les droits de l'autorité parentale à l'ASE et d'admettre Angèle comme pupille de l'État afin que le conseil de famille puisse consentir à son adoption).

Mais ce n'est que *onze mois plus tard* que le tribunal rendra son jugement et qu'Angèle sera immatriculée pupille de l'État ! Elle a alors trois ans et huit mois.

Le pré-conseil de famille prendra *six mois* pour se réunir et il faudra encore *deux mois* pour contacter une famille adoptive qui elle-même attendait un enfant depuis dix-huit mois après l'obtention de l'agrément de la DDASS.

Angèle a alors *quatre ans et demi.* À son entrée

---

46. Décret n° 74-930 du 6 novembre 1974 : La tutelle d'État ne comporte ni conseil de famille, ni subrogé tuteur.

à la pouponnière à treize mois, ses parents l'avaient déjà abandonnée depuis onze mois et elle a dû attendre *trois ans* de plus avant d'être adoptée... Ce cas n'est malheureusement nullement exceptionnel : les travailleurs sociaux ont pour habitude de considérer qu'entre le moment où ils requièrent une demande en déclaration d'abandon auprès du tribunal de grande instance et le moment où le tribunal statue, il s'écoule en moyenne *un an au minimum* ! Il faut ajouter que la déclaration d'abandon ne peut pas être considérée comme un consentement à l'adoption, pour lequel il faut ensuite recueillir l'accord du conseil de famille.

J'ai rencontré Angèle lorsqu'elle avait trois ans ; le motif de la consultation était qu'elle prononçait à peine quelques mots et ne faisait aucune phrase. Dès notre première rencontre, la déclaration d'abandon ayant déjà été requise, je lui ai dit qu'elle ne reverrait probablement jamais ses parents biologiques et qu'elle serait adoptée, en lui indiquant bien la différence entre la famille d'accueil où elle allait régulièrement passer ses vacances (par qui elle souhaitait être adoptée comme elle me l'a dit plus tard) et une future famille adoptive qu'elle connaîtrait dès que le conseil de famille pourrait en décider.

Deux mois plus tard, après les grandes vacances passées dans une famille d'accueil, Angèle s'exprimait déjà beaucoup mieux, parlant spontanément par petites phrases courtes et répétant volontiers les expressions qu'elle entendait, imitant aussi les maternantes quand elles s'occupaient des petits bébés. La première chose qu'elle a faite, au cours de sa séance de rentrée, a été de trancher la tétine d'un biberon avec des ciseaux. Elle a poursuivi en remplissant le biberon de petits morceaux de pâte à modeler préalablement découpés sans s'occuper du tout de moi. À la même période, une de ses petites camarades de la pouponnière a été adoptée et les parents lui ont choisi un nouveau prénom. Angèle s'est mise à appeler toutes les petites filles avec le nouveau prénom de son amie.

Angèle a pour caractéristique d'avoir fait son analyse pratiquement toute seule et assez silencieusement sauf vers la fin. Je lui ai demandé d'apporter un paiement symbolique dès la deuxième séance et le premier mot qu'elle a prononcé fut : « caillou ». Elle ne l'a jamais oublié mais a eu besoin de plusieurs séances pour accepter de s'en séparer comme si, avant de laisser quelque chose venant d'elle, il fallait qu'elle soit sûre de pouvoir posséder un objet bien à elle, le rangeant dans mon tiroir, vérifiant plusieurs fois s'il y était toujours.

Angèle a géré ses séances comme elle l'entendait, sans que j'aie besoin d'intervenir sauf parfois pour lui dire ce que je croyais comprendre et qu'elle approuvait, retraçant, m'a-t-il semblé, un passé d'avant la pouponnière où il y avait beaucoup de monde, très peu de place et de nombreuses séparations, dessinant toute son évolution corporelle jusqu'à la curiosité sexuelle qui était son problème du moment. J'ai pu reprendre, dans la dynamique des séances, son histoire familiale et son statut juridique en essayant d'être claire et factuelle, sans émettre le moindre jugement ni sur ses parents, ni sur les « amies », ni sur l'ASE. Elle a pris conscience de la couleur de sa peau, se trouvant d'abord « pas belle » tant qu'elle espérait se faire adopter par sa famille d'accueil et cherchait une raison au fait qu'elle ne l'adopte pas ; quand elle a réalisé que sa famille d'accueil ne l'adopterait pas, elle a détruit tout son album de photos. Puis elle s'est trouvée « belle » et a pu imaginer qu'un papa noir et une maman blanche la faisaient vraiment trop attendre. Lorsque l'adoption est devenue une réalité, elle s'est mise à parler beaucoup plus, s'inquiétant de savoir si elle devait redevenir un petit bébé en arrivant dans sa nouvelle famille ou si elle pouvait rester « la même », si elle devait « oublier » le passé ou si elle pouvait vivre avec. Elle a souhaité se faire couper les cheveux très court et, à la séance suivante, a dessiné un bonhomme « qui n'a pas de nom » puis un papa « qui donne un nom ». Pendant les mois d'attente, Angèle a dessiné inlassablement des mamans « ratées », qu'elle s'obligeait à recommencer, des maisons déchirées, des « corps » coupés en deux.

Quelques instants avant de rencontrer sa famille adoptive (à quatre ans et demi), elle a « craqué » et s'est mise à sangloter d'émotion, mais ensuite cette première rencontre s'est apparemment bien passée. Lors de la dernière séance avant son départ, Angèle m'a apporté un caillou et sept marrons. Elle les a comptés : il y en a « neuf ». Je lui ai demandé si elle allait dans une famille marron et elle a répondu que oui (en fait, la famille est blanche, comme je l'apprendrai plus tard). Ma question n'était pas forcément pertinente et je me suis longtemps demandé ce que signifiaient ces sept beaux marrons surmontés d'une calotte blanche, apportés juste avant de commencer une vie « neuve ». En rangeant caillou et marrons dans mon tiroir et en me disant adieu, Angèle a-t-elle laissé son passé analysé et les nombreuses mères de substitution, les marron et les blanches qui l'avaient aidée à se construire ?

Léa

Léa est la dernière enfant de la famille. Elle a un frère qui vit avec ses parents et une sœur placée en internat spécialisé. Ces deux enfants font l'objet d'une assistance éducative en milieu ouvert (AEMO).

Le père travaille tandis que la mère est sans profession, dépressive et éthylique. Elle a été hospitalisée plusieurs fois en psychiatrie.

Pour Léa, la grossesse n'a pas été suivie médicalement. Elle pesait 1 980 grammes à terme, ce qui n'est pas beaucoup et a nécessité une hospitalisation dès la naissance, pendant trois semaines. La mère est sortie de la maternité six jours après l'accouchement. Deux semaines plus tard, elle a rendu visite à sa fille mais le jour prévu pour la sortie de Léa, personne ne s'est présenté pour l'emmener. Le service hospitalier a saisi le juge des enfants, qui a ordonné une mesure de placement provisoire à la pouponnière, où Léa est arrivée à cinq semaines. Les parents ont été avisés du placement par courrier et n'ont pas réagi. Le service social a pu rencontrer la mère pour la première fois trois semaines plus tard en se rendant à son domicile. Elle n'avait pas reconnu sa fille et a fait les démarches nécessaires fortement poussée par l'éducatrice bien que la reconnaissance d'un enfant ne suffise pas à prouver l'intérêt qu'on lui porte [47]... Par la suite, ni le père ni la mère ne sont jamais venus aux rendez-vous fixés au bureau du groupement, pas plus qu'ils n'ont pris contact avec leur fille à la pouponnière, mais le service social a pu les rencontrer chez eux à deux reprises... en forçant un peu la porte. À chaque fois la mère a dit : « Vous l'avez voulue, vous pouvez la garder. » Elle a refusé d'aller voir Léa et même d'en parler « pour ne pas souffrir ». Elle aurait déjà très mal vécu le placement de son autre fille.

Alors que Léa a quatre mois et demi, la mère se rend à une convocation du juge des enfants mais ne veut pas entendre parler de Léa. Le juge évoque alors un éventuel consentement à l'adoption auquel la mère répond positivement, prête à s'engager immédiatement mais la présence et l'accord du père sont également nécessaires.

L'assistante sociale a tenté de revoir les parents mais ce n'est que quatre mois plus tard qu'elle a réussi à rencontrer le couple à son domicile. La mère a refusé une fois de plus de parler de Léa et a dit, en présence du père, qu'elle refusait cette enfant depuis la grossesse tandis que le père a émis des doutes sur sa paternité.

Puis, à sa demande, le père a été reçu seul au service social et a manifesté le souhait de prendre contact

47. Art. 350 : La situation d'enfant légitimé ne fait pas obstacle à l'application de l'art. 350 et une « simple déclaration juridique de reconnaissance de l'enfant » n'est pas une marque d'intérêt suffisante pour motiver de plein droit le rejet d'une demande de déclaration d'abandon.

avec sa fille. Il a résolument refusé l'adoption [48], disant qu'il n'avait jamais reçu le courrier lui annonçant le placement de sa fille (?) et a déclaré avoir menacé sa femme de la quitter si elle ne reprenait pas Léa. À la suite de ces déclarations, il n'est jamais venu à la pouponnière.

Léa a maintenant dix mois et la pouponnière décide de l'adresser à ma consultation car – me dit-on – elle évolue de « façon cyclique ». Elle peut être vive et dynamique pendant quelques semaines puis passe par une période de tristesse où elle refuse de manger, se fait probablement vomir et refuse tout contact avec ses maternantes.

À l'âge de sept mois, l'assistante sociale et l'éducatrice du groupement sont venues lui parler de leur difficulté à rencontrer ses parents pour connaître leurs intentions. Cet entretien a été très pénible pour Léa. Elle a commencé à sangloter très fort lorsqu'elle a entendu parler de ses parents et n'a pas cessé de pleurer pendant tout l'entretien. Elle s'est ensuite apaisée difficilement mais elle est restée triste pendant plusieurs jours, réclamant souvent la présence de ses maternantes auprès de qui elle acceptait de se faire consoler. Consolation toute relative mais néanmoins dynamique puisque au bout de quelques jours, elle s'est sevrée toute seule préférant prendre ses repas de midi et du soir à la cuiller. Elle est redevenue plus active et plus joueuse. Le personnel a alors ressenti que Léa voulait grandir et progresser. Mais un mois

---

48. Art. 351 : Dans le cas d'un enfant légitime dont les parents possèdent en commun l'autorité parentale, la demande en restitution implique une action commune du père et de la mère.

plus tard, elle est retombée dans un état dépressif, refusant de s'asseoir, de s'alimenter, se faisant vomir en mettant ses doigts dans sa gorge.

À treize mois, les parents n'ont toujours donné aucun signe de vie à leur fille. Le délai légal de douze mois est donc passé. Une demande en déclaration judiciaire d'abandon est requise (art. 350), ce dont je peux parler longuement à Léa qui m'écoute avec la plus grande attention.

À cette époque, trois mois après le début de son analyse, Léa se fait encore vomir presque à chaque repas. Après avoir parlé de l'article 350 et de la perspective d'une adoption si ses parents naturels ne s'y opposaient pas pendant le délai d'appel, elle fait rapidement beaucoup de progrès moteurs, se met seule debout et marche dans le trotteur. Elle commence seulement à pouvoir échanger des objets en jouant, à parler, peut boucher et déboucher un feutre avec habileté.

À seize mois, soit trois mois plus tard, les parents n'ont pas fait appel. C'est le jour que choisit Léa pour marcher.

À dix-huit mois, le tribunal n'a toujours pas statué.

À vingt mois, j'apprends que le juge a repoussé sa décision pendant encore un mois alors que les parents n'ont donné aucun signe de vie. Léa commence à être très agressive, à blesser les autres et à se blesser.

Un mois plus tard, le juge convoque les deux parents (est-ce dans un espoir ultime que Léa retrouve sa famille naturelle ?). Seul le père vient. Il s'oppose à l'adoption, dit avoir pris contact avec le groupement et consulté un avocat. Il a en principe encore deux mois pour faire appel. Il n'a rendu aucune visite à

Léa depuis sa naissance et ne viendra pas plus après ces déclarations tonitruantes. Cette audience a été rapportée à Léa.

Trois mois plus tard, le père n'a pas fait appel. Le groupement ne l'a pas vu et aucun avocat ne s'est manifesté. Léa accepte difficilement les interdits, fait des colères violentes auxquelles elle a du mal à trouver une issue. Dans le même temps, elle devient propre et parle de mieux en mieux.

À vingt-six mois, elle entre au jardin d'enfants, toujours à la pouponnière. Une audience a lieu chez le juge qui décide... d'attendre encore deux mois. À la suite de cette décision, qui lui est communiquée, Léa pleure pendant une semaine.

À vingt-huit mois, sa maternante de référence quitte définitivement la pouponnière. Léa commence à mordre les autres enfants.

À vingt-neuf mois, soit *quinze mois après le dépôt de la requête*, la notification du jugement d'abandon est confirmée. Le père a encore deux mois pour se pourvoir en cassation...

À trente et un mois, le délai du pourvoi est dépassé, toujours aucune nouvelle. Léa commence à se lancer dans les escaliers volontairement et se blesse à plusieurs reprises. Ce sont de véritables tentatives de suicide. Elle fait de même en séance, où elle se jette violemment de sa chaise par terre, se blesse et me dit qu'elle veut mourir. Est-ce pour arrêter de souffrir ? Compte tenu de sa situation juridique actuelle, je peux enfin parler du fait qu'elle ne reverra probablement jamais ses parents de naissance et prononce le mot d'abandon. Elle prend alors son dossier sur lequel son nom est écrit et coupe la feuille en deux, au milieu de son nom.

À trente-deux mois, le juge prend acte du fait que le père n'a pas fait appel. Le dossier de Léa sera présenté au prochain conseil de famille pour envisager l'adoption. En séance, nous parlons coupure, adoption, changement de nom. Le conseil de famille prend trois mois pour se réunir... Entre-temps, le père a rencontré l'inspecteur du groupement pour lui faire part de ses inquiétudes concernant Léa et pour savoir s'il pourra un jour la revoir[49].

En séance, Léa ne fait que tirer des traits (sur le passé ?), échange son feutre contre le mien (celui avec lequel je rédige le dossier) et continue à tirer des traits. Elle écrit elle-même son histoire faite de traits bien droits qui se brisent constamment.

Dès la réunion du conseil de famille, la famille adoptive est désignée. On m'en avise pour que je puisse en parler avec Léa lors de son rendez-vous, qui sera le dernier. Léa va continuer imperturbablement à tirer des traits qui se croisent dans tous les sens. Après nous être dit « adieu » elle tient à me montrer (« Regarde ! ») qu'elle descend seule de sa chaise sans tomber. Elle m'entraîne derrière la porte de mon bureau pour me faire voir qu'elle descend parfaitement les escaliers sans tenir la rampe, ni tomber. Arrivée en bas, elle se retourne vers moi, éclate de rire et s'en va.

Léa est adoptée à trois ans. Depuis l'âge de trois semaines, elle n'a jamais revu ses parents biologiques.

49. Art. 352 : Le placement en vue d'adoption met obstacle à toute restitution de l'enfant à sa famille d'origine.

Sa mère a exprimé verbalement son consentement à l'adoption devant le juge quand elle avait quatre mois et à chaque fois qu'elle a été sollicitée, n'a jamais émis un avis différent, bien au contraire. Quant au père, s'il lui est arrivé de déclarer qu'il s'opposait à l'adoption, il n'a jamais établi le moindre lien entre ses paroles et la réalité de ses actes. Était-ce l'intérêt de Léa et même de ses parents naturels de s'acharner à vouloir qu'ils se retrouvent ?

Ces deux fillettes ont survécu à l'abandon initial des premières semaines ou des premiers mois de la vie, puis ont été largement soutenues affectivement par le personnel de la pouponnière, ce qui leur a évité de sombrer physiquement et psychiquement. Les membres des groupements dont elles dépendaient se sont efforcés de les tenir au courant des décisions les concernant et ont accepté qu'elles puissent suivre une psychanalyse. Elles ont finalement été adoptées à un âge où je dirais, au risque de choquer, qu'elles n'en avaient presque plus besoin car au terme de leur analyse, elles étaient toutes deux capables de se materner elles-mêmes, ce qui ne signifie pas qu'elles n'avaient plus besoin des adultes : ce n'est pas tant d'être adoptées qui était nécessaire pour Angèle et Léa, mais de savoir si oui ou non elles étaient abandonnées et où elles allaient vivre et grandir dans les semaines et les mois à venir afin de tenter l'aventure de la vie sans craindre, à tout moment, que cette aventure ne se brise. Leur vie affective et matérielle à la pouponnière n'a pas été un enfer, loin de là. Mais les maternantes, quelles que soient leurs qualités (qui sont immenses), savent que leur relation avec tel ou tel enfant est, par définition, éphémère et doivent se préserver des blessures qu'entraînent les ruptures de lien : elles peuvent accepter qu'un enfant s'attache particulièrement à l'une d'entre elles mais ne peuvent s'autoriser à s'attacher elles-mêmes à un enfant plus qu'à un autre. Cela représente un facteur subtil de distorsion des relations affectives entre l'enfant et les adultes : si certains doutent que des enfants aussi jeunes puissent attendre un « statut », ils ne peuvent nier que l'attente de ce statut par les adultes qui s'en occupent ne retentisse sur la forme de leur attachement à l'enfant.

On pourrait éviter beaucoup de souffrances psychiques aux enfants et rendre le travail du personnel plus aisé en prenant acte, dans les délais légaux (un an de « désintérêt » est extrêmement long pour un nourrisson et serait mortel si l'enfant n'était pris en charge par d'autres personnes), de l'impossibilité des parents naturels à assumer leur enfant. Au lieu de quoi, après avoir surmonté l'abandon initial, les enfants qui ont la capacité de nouer des liens sont subtilement maintenus dans l'idée que ces liens ne sont que transitoires dans l'espoir d'une réunion de famille plus qu'improbable. Un enfant peut se structurer symboliquement en fonction de son passé, en intériorisant les géniteurs qui l'ont abandonné. Au cours des psychanalyses, on observe quasi systématiquement que cette structuration se met très rapidement en place dès que la décision judiciaire d'abandon est prononcée et formulée à l'enfant : tu ne verras pas ta mère dans la réalité, mais tu la portes à l'intérieur de toi, pour toujours.

L'attente d'un statut peut tout à fait être comparée aux conséquences des carences affectives telles qu'elles ont été décrites par Spitz [50] et que l'on croyait ne plus jamais voir jusqu'aux terribles images des orphelinats de Roumanie. Après l'abandon initial, Angèle et Léa n'ont été privées ni de soins, ni même d'amour. Spitz a bien montré que, pour qu'un nourrisson entre dans une dépression anaclitique [51] à la suite d'une séparation d'avec sa mère, il fallait nécessairement qu'il ait entretenu de bonnes relations avec elle auparavant. Ici, ce sont les enfants abandonnés mais ayant pu nouer des liens satisfaisants avec leurs maternantes qui souffrent le plus lorsqu'ils attendent indéfiniment, en toute ambiguïté, un statut stable. Les troubles ne sont pas aussi spectaculaires que ceux des enfants en état de carence affective totale (hospitalisme) mais ils concernent de façon variable, selon l'âge de l'enfant et la durée de l'attente, tout le développement de l'enfant en rapport avec ses relations affectives : la motricité, la santé physique, le développement intellectuel, les relations avec le monde extérieur, la structuration symbolique. Alors qu'il est bien établi que les dommages subis par un enfant privé de sa mère (et de substitut maternel) sont proportionnels à la durée de cette privation (et qu'ils sont partiellement irréversibles au-delà de cinq mois), je crois qu'il serait facile de montrer que les effets pathogènes de l'attente d'un statut augmentent avec la durée de cette attente et que certains de ces

---

50. Spitz R.A., « Maladies des carences affectives chez le nourrisson », *in De la Naissance à la parole,* PUF, 1968, pp. 206-225.

51. Anaclitique veut dire « s'appuyer sur » ou « privé d'étayage ». Spitz a utilisé ce concept pour distinguer la dépression de l'adulte de celle du nourrisson. « Le choix anaclitique de l'objet est déterminé par la dépendance du nourrisson vis-à-vis de la personne qui le nourrit, le protège et le dorlote. Freud déclare qu'au début la pulsion se déploie anaclitiquement, c'est-à-dire en s'appuyant sur une satisfaction du besoin essentielle à la survie » (Spitz, 1957).

effets, notamment ceux qui concernent l'acquisition du langage et les relations avec le monde extérieur, ne seront pas toujours réversibles : on peut, par exemple, remarquer que les enfants élevés en pouponnière n'ont *aucune* relation avec des hommes, le personnel n'étant composé que de femmes ; quand ils vont à l'hôpital, ils rencontrent des médecins (mais les pédiatres sont en majorité des femmes, sauf les chefs de service !) ; dans le meilleur des cas, le juge des enfants et le référent du groupement sont des hommes mais ces professions, comme tous les métiers touchant à l'enfance, sont largement féminisées.

Pour des raisons évidentes, je n'ai pu rencontrer ces parents qui ont abandonné leur enfant. Ils ont très certainement leurs raisons, conscientes et inconscientes qui doivent être complexes et douloureuses. On peut comprendre que le rôle des services sociaux et de la justice soit de tenter de les retrouver et d'apprécier si un travail est possible pour qu'ils puissent élever leur enfant. Mais lorsqu'il devient évident que les parents biologiques ont disparu ou ne changeront pas d'avis, alors qu'ils disent parfois le contraire de ce qu'ils font, comme le père de Léa, il y a une véritable urgence à donner un statut stable à l'enfant. Les délais nécessaires pour légaliser l'abandon sont déjà infinis du point de vue d'un enfant de moins de quatre ans. Les améliorations considérables sur le plan affectif de certains lieux de vie (pas tous...) ne doivent pas nous leurrer : ces lieux de vie (pouponnière ou famille d'accueil), du fait même qu'ils sont transitoires, n'apportent pas à un enfant abandonné par ses parents une sécurité suffisante tant que son statut reste ambigu. Plus cette insécurité est durable, plus les conséquences seront lourdes. « Tout » ne se joue pas avant six ans, mais rien ne s'efface jamais.

La déchéance et après...

Après avoir traité des conséquences sur les enfants de la lenteur des décisions judiciaires en matière de déclaration d'abandon, je voudrais aborder un autre type de requête, non moins grave, pour laquelle, à l'inverse, la rapidité de la décision est stupéfiante : je veux parler de la déchéance de l'autorité parentale. Les personnes qui ne sont pas familiarisées avec les problèmes de l'enfance dite « menacée » ignorent cette loi tandis que les professionnels pensent, pour la plupart, qu'elle n'est plus appliquée. En réalité, il semble qu'il y ait peu de mesures de déchéance prononcées, mais toujours par les mêmes tribunaux (principalement les grands tribunaux qui disposent d'une « chambre de la famille »). J'en parle ici pour deux raisons : d'abord parce que je rencontre, dans ma pratique de psychanalyste, des enfants mais aussi des adultes dont les parents ont été déchus de leurs droits et que j'ai pu en mesurer les effets ; mais aussi parce que certaines associations, militant pour l'adoption d'enfants français, mènent une action auprès des magistrats pour que cette mesure soit plus fréquemment prononcée dans l'espoir qu'un plus grand nombre d'enfants nés sur le sol français puissent être adoptés le plus rapidement possible. En effet, lorsque les deux parents sont déchus de l'autorité parentale, l'enfant peut être confié au service départemental de l'Aide sociale à l'enfance ; il devient alors pupille de l'État et les enfants admis en qualité de pupille de l'État doivent faire l'objet d'un projet d'adoption dans les meilleurs délais [52]. Certains travailleurs sociaux, s'impliquant trop personnellement dans les drames auxquels ils sont quotidiennement confrontés, vont aussi dans le même sens. Cela paraît tout simple : il y a tant de parents indignes qui élèvent mal leurs enfants et tant de bons parents adoptifs qui rêvent d'avoir un enfant !

Qui sont ces parents ? Pas des enfants de chœur, bien sûr. « Peuvent être déchus de l'autorité parentale par une disposition expresse du jugement pénal les père et mère qui sont condamnés, soit comme auteurs, coauteurs ou complices d'un crime ou délit commis sur la personne de leur enfant, soit comme coauteurs ou complices d'un crime ou délit commis par leur enfant [53]. – Peuvent être déchus de l'autorité parentale, en dehors de toute condamnation pénale, les père et mère qui, soit par de mauvais traitements, soit par des exemples pernicieux d'ivrognerie habituelle, d'inconduite notoire ou de délinquance, soit par un défaut de soins ou un manque de direction, mettent manifestement en danger la sécurité, la santé ou la moralité de l'enfant. Peuvent pareillement en être déchus, quand une mesure d'assistance éducative avait été prise à l'égard de l'enfant, les père et mère qui, pendant plus de deux ans, se sont volontairement abstenus d'exercer

52. Loi n° 84-422 du 6 juin 1984.
53. Art. 378 du Code civil.

les droits et de remplir les devoirs que leur laissait l'article 375-7 [54]. »

S'agit-il d'une sanction pour parents gravement délinquants ? Pas du tout. Dans l'esprit du législateur « la déchéance de l'autorité parentale *ne constitue pas une sanction,* mais *une mesure de protection vis-à-vis de l'enfant* ».

Comment se prend cette mesure de nos jours ? Elle ne s'applique pratiquement plus jamais aux parents maltraitants (preuve que l'on peut protéger les enfants autrement) mais aux parents criminels : au terme d'un procès d'assises toujours très éprouvant émotionnellement et fatiguant physiquement, la cour se réunit rapidement pour statuer, sans l'assistance du jury. En effet, la déchéance de l'autorité parentale est une mesure d'ordre purement civil, échappant à la compétence des jurés [55]. En pratique, lorsque la déchéance est demandée, elle est accordée *sans la moindre discussion ;* sous le coup des journées éprouvantes du procès, immédiatement après le verdict, la cour a, avant tout, l'envie d'en finir. La déchéance de l'autorité parentale met un point final à la sanction pénale alors qu'elle n'est que le début d'une tout autre histoire dont les juristes et les services sociaux paraissent se désintéresser totalement.

Dans le cas de Mélina [56], le père et la mère ont été conjointement déchus de l'autorité parentale le jour même de la fin du procès : le père avait assassiné

---

54. Art. 378-1 du Code civil.
55. Cela signifie que le procureur de la République peut requérir une mesure de déchéance parentale devant une procédure civile (la chambre de la famille) en dehors et à distance du procès pénal.
56. Cf. chap. 2.

sa fille aînée et la mère avait été condamnée pour non-assistance à personne en danger, la complicité n'ayant pas été retenue. La mère d'Alexis, reconnue démente lorsqu'elle a étranglé sa fille, le père de Louis qui a assassiné sa mère n'ont pas été déchus de leurs droits...

Légalement, « déchéance » signifie « perte d'un droit ou d'une fonction faute d'avoir accompli une formalité dans un délai déterminé ou d'avoir rempli une condition en temps voulu ou du fait d'une sanction ». Mais dans le langage courant, « déchéance », « être déchu » sont des mots très forts évoquant à la fois la « dèche », le « déchet », l'indignité, « le passage à un état inférieur socialement ou moralement, la perte d'autorité ou de prestige ».

« L'autorité parentale » qui s'est substituée à la puissance paternelle [57] n'est pas non plus n'importe quel droit. Elle possède une charge symbolique puissante dans toutes les sociétés. En France, « l'autorité parentale exercée en commun » par les couples légitimes et par les familles naturelles, si le père en fait la demande, implique les notions d'intérêt de l'enfant et de contrôle judiciaire en cas de conflits. Selon Françoise Hurstel [58], « l'autorité parentale exercée en commun » est une notion qui ouvre les sujets dans leur fonction de parents à la dimension symbolique de la parole et à la dimension sociale du contrat.

La déchéance de l'autorité parentale entraîne des

---

57. Loi du 4 juin 1970, art. 371-2.
58. Hurstel F., *La Fonction paternelle aujourd'hui en France.* Thèse pour le doctorat d'État, 1991, Université Louis Pasteur, Strasbourg. p. 208.

confusions extrêmement importantes à plusieurs niveaux :

– Conçue comme une mesure de protection de l'enfant, elle est toujours vécue comme une sanction très grave à l'encontre des parents. Même dans le Larousse, la déchéance de la puissance paternelle est définie comme la « perte d'un droit ou d'une fonction du fait d'une *sanction* ».

– Étant donné l'impact du mot « déchéance », cette mesure est considérée comme irrémédiable car il paraît inconcevable qu'il puisse y avoir un retour en arrière. Or, justement ce n'est pas le cas : « Les père et mère qui ont fait l'objet d'une déchéance pourront, par requête, obtenir du tribunal de grande instance, *en justifiant de circonstances nouvelles, que leur soient restitués, en tout ou partie, les droits dont ils avaient été privés.* La demande en restitution ne pourra être formée qu'un an au plus tôt après que le jugement prononçant la déchéance ou le retrait est devenu irrévocable ; en cas de rejet, elle ne pourra être renouvelée qu'après une nouvelle période d'un an. *Aucune demande ne sera recevable lorsque, avant le dépôt de la requête, l'enfant aura été placé en vue de l'adoption* [59]. » Il est frappant de constater que la très grande majorité des juristes, sans parler des psychanalystes, ignorent cette loi. En revanche, ceux qui souhaitent que ces enfants soient adoptés ont tout intérêt à accélérer le processus de l'adoption afin que les parents légitimes ne puissent déposer une requête recevable.

– Le personnel de l'ASE, qui prend en charge l'enfant dont les parents sont « déchus », assimile la

59. Art. 381 du Code civil. C'est nous qui soulignons.

déchéance à une rupture définitive des liens *alors que la loi ne dit rien à ce sujet.* Du même coup, il devient extrêmement difficile, pour les parents qui en seraient informés, de justifier de « circonstances nouvelles » lors d'une éventuelle requête de restitution des droits, puisqu'ils n'ont aucune possibilité matérielle d'exprimer, de quelque manière que ce soit, leur intérêt pour l'enfant. On ne peut cependant trop critiquer l'ASE : lorsqu'il n'y a aucune réflexion au niveau juridique avant et au moment de la prise de décision, les services sociaux ne peuvent, à eux seuls, pallier de telles carences.

– Compte tenu de ce qui vient d'être dit, la question essentielle est enfin de savoir si cette loi protège l'enfant et de quoi.

Avant de me pencher sur le Code civil et de parler avec des juges pour enfants, je ne connaissais cette mesure qu'au travers de mes patients, enfants ou adultes ayant eux-mêmes des enfants voire des petits-enfants, et dont les parents avaient été déchus de l'autorité parentale.

Pour ces patients, non seulement la déchéance est une punition mais ce sont *eux* qui sont punis puisqu'ils en subissent immédiatement et directement les conséquences : la séparation brutale et totale d'avec leurs parents, annoncée, dans pratiquement tous les cas, comme définitive. Ce ne sont plus les parents qui sont en prison, mais eux, quel que soit le lieu où ils vivent, puisqu'ils n'ont plus le droit de voir leurs parents, ni même de leur écrire, encore moins de recevoir de leurs nouvelles. L'effet de culpabilisation est quasi immédiat et très grave : qu'ont-ils fait de si mal pour que leurs parents ne puissent (ou ne veuillent) plus jamais les voir ? Question à laquelle il n'y a évidemment jamais de réponse mais qui restera posée toute la vie, en particulier au moment de devenir père ou mère à leur tour.

L'enfant apprend, généralement dans un second temps, que ses parents n'ont plus aucun droit sur lui. Pourquoi ? Parce qu'ils ont commis un acte si grave que la société a déclaré qu'ils n'étaient même plus dignes d'être parents, c'est-à-dire de l'avoir engendré, lui. Quelle que soit la nature des actes commis par ses parents, un enfant peut se construire dans la loi, à condition de garder sa fierté d'avoir été conçu [60]. Mais peut-on être autre chose qu'un déchet lorsqu'on est le fils ou la fille d'un couple que la société déclare indigne d'avoir engendré ? Aucune famille de substitution (qu'il s'agisse d'une famille adoptive ou d'une famille d'accueil) ne réparera jamais cette blessure symbolique : ce sont de celles qui ne cicatrisent pas. Elles se transmettent dans le secret de génération en génération, pour le pire, jamais pour le meilleur.

En voulant protéger un enfant de ses parents défaillants par une mesure appelée « déchéance de l'autorité parentale », le législateur se livre, à son insu, à une véritable manipulation du symbolique. L'appareil judiciaire permet de sanctionner des actes lorsqu'ils sont hors la loi mais la société n'a heureusement jamais délégué à la justice le droit de dire à des parents délinquants qu'ils ne reverront plus jamais leurs enfants parce qu'ils seraient indignes de les avoir engendrés. C'est très certainement la

60. Cf. chapitre 2.

plus grave des ambiguïtés de cette loi parce qu'elle touche, en toute méconnaissance, aux fondements d'un être humain. Et si nul n'est censé ignorer la loi, peut-on demander au législateur de ne pas en ignorer les conséquences ?

Épilogue

« Tout homme désire le savoir. »
Aristote

J'ai détesté le film *L'ours.* Non que les animaux m'indiffèrent. Mais j'éprouve un sentiment de malaise proche de l'obscénité lorsque les hommes interprètent le comportement des animaux en leur attribuant leur propre grille d'interprétation (anthropomorphisme) pour nous tirer des larmes d'émotion. Les éthologues du XXe siècle (parmi les plus connus Konrad Lorenz, Desmond Morris) nous ont appris que chaque espèce animale confère un sens au monde qui l'entoure : ce sens est loin d'être seulement inné ou même totalement soumis aux contraintes du milieu. Leurs études sont passionnantes parce qu'elles nous font découvrir un monde *différent.* On ne peut exprimer les choses de façon plus concise que Georges Canguilhem lorsqu'il dit : « Un hérisson ne traverse pas la route. »

Pendant des siècles, les adultes n'ont attribué aux enfants avant l'âge de la parole *aucun sentiment humain,* tout juste quelques possibilités assez stéréotypées d'exprimer leurs besoins élémentaires, concédées aussi aux animaux avant que Charles Darwin n'humanise l'animal en établissant seulement une différence de degré et non de qualité entre l'esprit de l'homme et celui de l'animal [61].

Quand les enfants maîtrisent le langage, leurs possibilités de compréhension n'en sont pas pour autant reconnues, surtout lorsqu'elles gênent l'adulte. Quel psychanalyste n'a rencontré de parents racontant de sombres histoires de famille, en présence d'un enfant âgé parfois de plus de six ans, en affirmant que celui-ci n'est pas au courant puisque, de toute façon, il ne comprend rien ?

Même en explorant d'autres champs de connaissance que la psychanalyse, vous devez pressentir que je ne peux répondre directement à la question que l'on se pose à la lecture de toutes ces observations : comment est-ce possible ? Mais si ce sont des psychanalystes qui affirment que l'être humain, dès sa naissance, donne un sens au langage humain, ce n'est pas un hasard.

En considérant l'enfant comme un Sujet qui commence par exister et non par réagir, comme un être humain façonné dès et même avant sa conception par le langage et non comme un petit animal immature, la psychanalyse permet un retournement essentiel de cette question qui n'est plus : comment comprend-il ? mais : comment et pourquoi avons-nous pu imaginer si longtemps qu'il ne comprend pas ? Les voies de la compréhension, comme celles de l'amnésie infan-

---

61. Cf. l'introduction de Dominique Lecourt au livre de Boris Cyrulnik, *La Naissance du sens,* Hachette, 1991, pp. 7-22.

tile nous sont actuellement quasi inaccessibles mais nous avons appris, grâce aux théories et à la pratique analytique des adultes et des enfants, à nous faire une idée de l'activité psychique des tout-petits.

Dès qu'un enfant arrive au monde, il fait entendre sa voix, il est *nommé* et il entend parler. Cela lui confère une existence sociale et une activité symbolique. L'activité symbolique de l'enfant qui ne parle pas encore se traduit au niveau des fonctions corporelles présentes ne nécessitant pas d'apprentissage : respiration, digestion, appareil immunitaire, perceptions sensorielles, expressions, etc. Parce que l'enfant est soumis au langage, son corps peut exprimer autre chose que des manifestations biologiques. Il est remarquable de constater que lorsque l'on s'efforce de donner un sens symbolique aux dysfonctionnements manifestés par l'enfant (ce qui n'exclut pas le traitement médical quand il est nécessaire !), sans même trop bien savoir à quelle dimension du psychisme nous nous adressons, nous sommes toujours les premiers surpris de constater que le dysfonctionnement disparaît comme si le langage était « l'organisateur » capable de mettre en place, de modifier, de déplacer les conditions de fonctionnement du corps biologique et du psychisme.

Parmi ceux qui admettent que l'enfant comprend lorsqu'on lui parle de ses origines ou de l'origine des ruptures subies, certains se posent la question de savoir s'il faut « tout lui dire » car après lui avoir dénié la possibilité de comprendre, on prétend le protéger en le maintenant dans l'ignorance orchestrée, à moins que l'on se soucie du fait que l'enfant « sans défense » pourrait vouloir ne pas savoir ! Mais pour ne pas savoir, pour oublier, encore faut-il avoir su.

Chez les adolescents et les adultes ayant vécu l'expérience de « révélations » sur leurs origines, leurs parents ou leurs ancêtres (ou plus simplement lorsque au cours d'une analyse, un homme ou une femme pose des questions à ses parents), on constate, une fois le premier choc passé, que le fait que les choses soient *dites* permet de se remémorer toutes sortes de souvenirs, de fragments de conversations, d'attitudes enregistrées mais non interprétées, de manifestations somatiques, de décisions parfois importantes prises en toute méconnaissance, fragments disparates d'un puzzle auquel il manquait une pièce essentielle pour appréhender l'ensemble.

De nos jours, il est tout aussi courant d'entendre dire que les enfants « savent tout » et qu'ils ne « comprennent rien », ce qui n'est pas totalement faux si l'on ne prend pas la peine de *nommer* ce que leur système perceptif enregistre sur un mode actif et non passif comme on l'a cru pendant longtemps. C'est d'ailleurs la différence essentielle entre un bébé humain et un bébé animal : l'animal a la possibilité de donner un sens à ses perceptions *sans le langage,* ce qui n'est pas le cas des êtres humains.

Lacan disait : « La psychanalyse, c'est le repérage de ce qui se comprend d'obscurci, de ce qui s'obscurcit en compréhension, du fait d'un signifiant qui a marqué un point du corps. »

Ce n'est effectivement pas la même chose de laisser un être humain subir des perturbations que l'on peut certes qualifier de « physico-chimiques » et de lui donner les moyens, par la parole, de transformer ces perturbations corporelles en expériences psychiques.

Car les enfants, et pas seulement ceux qui sont

confiés à l'ASE, rencontrent, à des degrés divers, la souffrance, l'injustice, la maladie ou la mort et la psychanalyse ne leur évite rien, dans la réalité. Elle permet, en revanche, dans la relation avec le psychanalyste, de retrouver les émotions ressenties conjointement à l'événement ou aux dires marquants, émotions auxquelles l'enfant pourra accepter de renoncer en tant que telles pour en faire des souvenirs d'un passé révolu.

Pour être psychanalyste avec les tout-petits, il faut considérer chaque enfant comme un être humain à part entière, susceptible d'être autonome dans son désir bien avant d'être autonome dans la réalité, sans assimiler au néant manque d'expérience et incapacité à parler. En *portant la parole* (au sens propre et au sens figuré) le psychanalyste est un médiateur de la fonction symbolique, sans laquelle la vie ne serait pas humaine.

Bibliographie

Ariès P., *L'Enfant et la vie familiale sous l'Ancien Régime*, Plon, 1960.
Aubry J., « Influence de la famille sur le développement du jeune enfant », *in Le bloc-note de la psychanalyse*, 1992, nº 11, pp. 21-91.
Aulagnier P., *La Violence de l'interprétation*, PUF, 1975.
Badinter E., *L'Amour en plus*, Flammarion, 1980.
XY de l'identité masculine, Éd. Odile Jacob, 1992.
Bar-On D., *L'Héritage infernal, des filles et des fils de nazis racontent*, Eshel, 1991.
Bettelheim B., *Les Blessures symboliques*, Gallimard, 1971.
Le Poids d'une vie, Éd. Robert Laffont, 1991.
Bowley J., « Soins maternels et santé mentale », O.M.S., Genève 1951, monogr. nº 2.
Brazelton B.T., « Behavioral Competence of the Newborn Infant », *in Semin. Perinatol.*, 1979, 3, pp. 35-44.
Bruner J., *...car la culture donne forme à l'esprit*, Eshel, 1991.
Capul M., *Abandon et marginalité, les enfants placés sous l'Ancien Régime*, Privat, 1989.
Certeau M. de, *Histoire et psychanalyse entre science et fiction*, Gallimard, coll. « Folio Essais ».
Cramer B., *Profession bébé*, Calmann-Lévy, 1989.
Cyrulnik B., *Sous le signe du lien*, Hachette, 1989.
David M., Appel G., « Étude des facteurs de carence

affective dans une pouponnière », *in Psych. de l'enfant*, 1972, 4, fasc. 2, pp. 407-442.

Diatkine R., Simon J., *La Psychanalyse précoce*, PUF, 1972.

Eccles J. C., *Évolution du cerveau et création de la conscience*, Fayard, 1992.

Edelman G. M., *Biologie de la conscience*, Éd. Odile Jacob, 1992.

Freud S., *Trois essais sur la théorie de la sexualité*, Paris, Gallimard, coll. « Idées », 1962.

Guillerault G., *Le Corps psychique*, Éd. Universitaires Begedes, 1989.

Kreisler L., *L'Enfant du désordre psychosomatique*, Privat, 1981.

Lacan J., *Le Séminaire, livre VII, L'éthique de la psychanalyse*, Éd. du Seuil, 1986.

Le Séminaire, livre VIII, Le transfert, Éd. du Seuil, 1991.

Lebovici S., Mazet P., Visier J.P., *L'Évaluation des interactions précoces entre le bébé et ses partenaires*, Eshel, 1989.

Legendre P., *Le Dossier occidental de la parenté*, Fayard, 1988.

Leroi-Gourhan A., *Le Geste et la parole*, Albin Michel, 1964.

Mehler J., Lambertz G., Jusczyk P., Amiel-Tison C., « Discrimination de la langue maternelle par le nouveau-né », *in C.R. Acad. Sc. Paris*, t. 303, Série III, nº 15, 1986.

Miller A., *C'est pour ton bien – Racines de la violence dans l'éducation de l'enfant*, Paris, Aubier, 1984.

Racamier P.C., « Étude clinique des frustrations précoces », *in R. franç. psychan.*, Paris, 1953 et 1954, t. XVII, nº 3, pp. 328-350 et t. XVIII, nº 4, pp. 576-631.

Rose S., *Le Cerveau conscient*, Éd. du Seuil, 1973.

Rosenfield I., *L'Invention de la mémoire*, Eshel, 1989.

Sans P., *Soins et placement en famille d'accueil*, Presse Un. de Nancy, 1991.

Spitz R.A., *De la naissance à la parole*, PUF, 1968.
Le Non et le oui, PUF, 1976.

Stengers I., Schlanger J., *Les Concepts scientifiques, invention et pouvoir*, Gallimard, coll. « Folio Essais », 1991.

Stern D., *Le Journal d'un bébé*, Calmann-Lévy, 1992.

Vasse D., *Le Poids du réel, la souffrance*, Éd. du Seuil, 1983.

Weyergans B., *La Vie d'un bébé*, Gallimard, 1986.

Winnicott D.W., « Discussion au Symposium consacré à l'observation directe de l'enfant au XXe congrès international de psychanalyse », *in R. franç. psychan.*, Paris, 1958, t. XXII, n° 2, pp. 205-212.

Table des matières

Dans la même collection

Nº 1 Claude HAGÈGE :
Le Souffle de la langue,
Voies et destins des parlers d'Europe
Nouvelle édition/série Sciences humaines

« L'Europe des langues a un destin qui lui est propre, et ne saurait s'inspirer de modèles étrangers. La domination d'un idiome unique, comme l'anglais, ne correspond pas à ce destin. Seule y répond l'ouverture permanente à la multiplicité. L'Européen devra élever ses fils et ses filles dans la variété des langues et non dans l'unité. Tel est à la fois l'appel du passé et celui de l'avenir. » (C. Hagège.) Ce livre a reçu le prix Blaise Pascal en 1993.

Nº 3 Jean-Didier VINCENT :
Biologie des passions
Édition augmentée d'une préface inédite/série Sciences

Qu'est-ce qu'aimer ? Peut-on expliquer l'amour de Roméo et Juliette ? Qu'est-ce que le désir, le plaisir et la douleur, le goût du pouvoir et de la domination ? Dépassant le clivage traditionnel entre le corps et l'esprit, Jean-Didier Vincent propose une nouvelle « théorie des émotions » qui harmonise notre conception de l'homme.

Nº 4 Yves POULIQUEN :
La Transparence de l'œil
Série Médecine

« Notre époque s'est révélée plus riche pour l'ophtalmologie que toutes celles qui l'ont précédée. Un nombre étonnant de découvertes a transformé la pratique de cette discipline et le sort des mal-voyants. Jamais dans l'histoire, la technique n'est intervenue dans les actes du médecin aussi efficacement qu'aujourd'hui. On entrevoit déjà ce que le progrès apportera à l'homme malade des yeux et ce qu'il fera demain de l'ophtalmologiste. Du moins celui-ci, émerveillé par les perfections de l'œil humain mais aux mains désormais inutiles, sera-t-il le spectateur ébloui de ce progrès. » (Y. Pouliquen.)

Nº 5 Édouard ZARIFIAN :
Les Jardiniers de la folie
Nouvelle édition/série Sciences humaines

Qu'est-ce que la folie ? Comment y voir clair dans ce monde de l'aliénation qui, depuis toujours, inspire la terreur et provoque l'exclusion ? Édouard Zarifian dresse un bilan de la situation actuelle de la psychiatrie, de ses progrès, de ses limites et montre qu'au-delà des querelles théoriques, c'est avant tout l'attention, la compassion, le respect de la personne humaine qui sont les garants de la guérison.

Nº 6 Françoise HÉRITIER, Boris CYRULNIK, Aldo NAOURI & al. :
De l'inceste
Inédit/série Sciences humaines

Après *Les Deux Sœurs et leur Mère* (Éd. Odile Jacob, 1994), où elle exposait une nouvelle théorie de l'inceste, Françoise Héritier a voulu donner la parole, dans le cadre du séminaire qu'elle organisait cette même année au Collège de France, à des praticiens confrontés à la souffrance émotionnelle et aux dégâts psychiques que provoque l'inceste. Boris Cyrulnik, neuropsychiatre, Aldo Naouri, pédopsychiatre, et Dominique Vrignaud, juge d'instruction, nous ouvrent leur cabinet comme une boîte de Pandore. Tandis que, de son côté, une ethnologue, Margarita Xanthakou, réinterprète de fond en comble le mythe d'Œdipe à la lumière de la théorie de l'inceste du deuxième type.

Impression réalisée sur CAMERON *par*
BRODARD ET TAUPIN
La Flèche
en juillet 1997

N° d'impression : 1963S-5.
N° d'édition : 7381-0279-1.
Dépôt légal : juillet 1997.
Imprimé en France